UN

HÉROS RÉVOLUTIONNAIRE

ANTONIO MACEO

Lieutenant général de l'Armée cubaine

PAR

EUGÈNE LUCCIARDI

[illegible]

AUCH

[illegible]RAPHIE ET LITHOGRAPHIE L. CAPIN

[illegible]

190[illegible]

UN HÉROS RÉVOLUTIONNAIRE

ANTONIO MACEO

Lieutenant général de l'Armée cubaine

PAR

EUGÈNE LUCCIARDI
Chancelier de France.

AUCH
TYPOGRAPHIE ET LITHOGRAPHIE J. CAPIN
8, RUE DU QUATRE-SEPTEMBRE
—
1902

A Son Excellence

Monsieur TH. DELCASSÉ,

Ministre des Affaires étrangères,

Au Chef éminent de la
Diplomatie française,

Au Républicain,

Au Patriote.

E. L.

Août 1902.

UN HÉROS RÉVOLUTIONNAIRE

Aux Lecteurs.

De toutes les figures de la Révolution cubaine, nulle ne peut être comparée à celle d'Antonio Maceo, qui consacra sa vie au triomphe des idées d'indépendance de ses compatriotes, et qui succomba glorieusement victime de son ardent patriotisme.

Son sang généreux féconda la terre de Cuba; son exemple fut suivi par les héritiers, les continuateurs de sa vaillance, et sa mémoire sera un éternel objet d'admiration pour les républicains et les patriotes de tous les pays.

Le nom de Maceo brillera toujours au frontispice du Panthéon cubain à côté de celui des Cespédès, des Flor Crombet (d'origine française), des Agramonte, des Marti, etc.

Maceo sut mourir comme meurent les héros, et son dernier cri « l'indépendance ou la mort, » devint le cri de guerre qui conduisit les Cubains à la victoire.

Je n'ai pas la prétention de faire une œuvre littéraire, je veux simplement apprendre aux Français à mieux connaître la grande figure de cet héroïque soldat, digne émule de nos héros révolutionnaires, et dont le nom est synonyme d'honneur, de patriotisme, de courage et de générosité.

Cette histoire, résumé des récits qui me furent faits par les compagnons d'armes de Maceo, est absolument véridique. C'est une traduction fidèle des notes biographiques prises par eux, écrites au jour le jour, parfois même sous la dictée du héros qui se plaisait à raconter à ses amis les souvenirs de ses premières années.

Le lecteur se montrera indulgent, car je me suis borné à traduire, en respectant même la forme, le carnet de campagne du général cubain Y..., premier aide de camp de Maceo, qui m'honora de ce souvenir : malgré certains épisodes romanesques, ce récit peint sans exagération la vie du lieutenant général Antonio Maceo, que nous avons presque le droit de revendiquer comme un des nôtres, puisque son arrière-grand-père, Joseph-Antoine Maxens, était sujet français et quitta la mère-patrie vers 1725 pour aller, comme tant d'autres, chercher fortune aux Antilles.

Avant de commencer ce récit, saluons très bas la grande figure de Maceo, l'héroïque mulâtre, le martyr de l'indépendance cubaine, le géant qui tint en échec les soldats de la vieille Espagne, ses émules en vaillance, ses égaux en chevaleresque générosité.

E. L.

I

Le Voyageur

Par une belle matinée de novembre 1865, sur le chemin conduisant de Santiago de Cuba au village du Cobre, marchait un jeune et robuste mulâtre d'une vingtaine d'années, portant en bandoulière le sac traditionnel des cubains, que l'on ne peut mieux comparer qu'à la « musette » de nos soldats.

Le regard vif et perçant du voyageur, son air dégagé et fier, disait qu'il n'était pas né, qu'il n'avait pas grandi dans l'esclavage, mais bien qu'il avait conscience de sa dignité d'homme, et qu'il était orgueilleux de sa condition d'homme libre.

(Il ne faut pas oublier, pour l'intelligence de ce récit, que l'abolition de l'esclavage à Cuba, commencée en 1868, ne fut accomplie définitivement que vers 1880.)

Notre voyageur marchait sans hâte, du pas égal du paysan cubain, amoureux de la nature enchanteresse de ce merveilleux pays, aspirant de toute la force de ses poumons les senteurs embaumées de la forêt, dont le parfum inconnu dans la vieille Europe charme et grise tout à la fois.

Il allait, couvert de sueur, s'arrêtant tous les deux cents mètres environ pour éponger son mâle visage avec un « madras », dans un coin duquel, suivant la coutume cubaine, il portait ses modestes économies, et, de temps à autre, il levait vers le ciel un regard superbe de révolte et d'orgueil.

Les mots « Patrie, Liberté..... Rédemption de ma race..... châtiment des bourreaux, » s'échappaient par moments de ses lèvres, laissant deviner l'objet secret de ses préoccupations.

Pendant plus d'une heure il marcha ainsi; puis, quittant le chemin, il prit à sa gauche un étroit sentier qui disparaissait presque complètement sous les ronces et les herbes. Au bout de quelques minutes il se trouva devant une barrière dont il souleva le loquet, et parvint à une case de nègres, construite complètement avec l'écorce et les feuilles du palmier.

Le voyageur siffla : trois ou quatre chiens bondirent en aboyant, tandis que deux femmes de couleur paraissaient au seuil de la cabane : une vieille, robuste encore, et une jeune et gracieuse négresse, du plus beau noir.

— « Mère ! Caridad ! s'écria le mulâtre en courant vers elles ! »

La vieille négresse s'appelait Marianne Grajales ! la jeune fille, sa filleule, orpheline recueillie par elle, se nommait Caridad. Il n'est pas besoin de dire qu'elle était la fiancée, le premier amour du voyageur, et que le voyageur était Antonio Maceo.

II

Le Foyer de Maceo

— C'est Antonio, marraine, s'écria joyeuse ment Caridad en courant à la rencontre du jeune homme, et en se jetant dans ses bras. Maceo après l'avoir embrassée affectueusement la prit par la main, et pénétra avec elle dans la case.

La vieille mère, saisie d'émotion, s'était laissée tomber sur un tabouret rustique. Son fils s'approcha d'elle et la baisant au front :

— Ta bénédiction, ma mère !

— Dieu fasse de toi un saint, mon fils. (Il devait en faire quelque chose de plus, un héros.) Dieu te garde aussi ! Mais par quel miracle es-tu ici, Antonio ?

— Parce qu'on m'a chassé, mère ! Ici les esclaves seuls sont tolérés, les hommes libres sont dangereux !

Et Maceo, se débarrassant de son sac, s'assit à son tour sur un tabouret; puis, jetant à terre son chapeau de latanier, il prit dans le coin de son mouchoir le peu d'argent qui s'y trouvait, et le remit à sa mère en disant :

— Garde ces huit piastres, mère, deux serviront à dire une messe pour ma commère Marguerite et les six autres seront pour toi.

Et sans attendre de réponse, il sortit pour aller à la rencontre de son père qui travaillait non loin de là.

Il nous faut ouvrir ici une brève parenthèse, pour établir une sorte de généalogie de Maceo et pour faire connaissance avec sa famille qui, elle aussi, joua un rôle important dans la guerre de l'indépendance cubaine.

Antonio Macco naquit en 1848, à Majaguabo, province de Santiago-de-Cuba, de parents libres de race et non pas affranchis, et d'origine dominicaine.

Son père Marco Maceo se plaisait à dire qu'il descendait du célèbre français Maxeus qui importa la culture du café en Amérique.

A ce sujet l'historien cubain don José-Maria de la Torre raconte une curieuse anecdote qu'il est bon de rappeler ici.

Au commencement du XVIIIe siècle, vers 1725, un brigantin français venait des côtes d'Afrique aux Antilles, transportant des aventuriers et des agriculteurs français. Parmi eux se trouvait Maxens, qui emportait avec lui une quarantaine de boutures de café.

La traversée fut longue, tellement longue que l'on dut rationner les passagers, et que pendant plusieurs jours Maxens dut prélever sur sa ration l'eau nécessaire pour conserver ses boutures, fût-ce au prix des plus grandes souffrances, boutures qu'il planta dès son arrivée à Saint-Domingue et qui, plus tard, furent transplantées dans le département oriental de Cuba (province de Santiago), constituant dès lors la culture préférée de l'île où, en 1793, les émigrés français créèrent de magnifiques « cafetals » (1).

Deux fils de ce Maxens, dont l'un marié à une Française, vinrent se fixer à Cuba. Celui qui était célibataire, homme imbu des idées démocratiques les plus avancées, se maria à son tour avec une négresse dominicaine, de laquelle il eut plusieurs fils, parmi lesquels Marco Ma-

---

(1) Parmi les familles émigrées qui, chassées de Saint-Domingue en 1803, se réfugièrent à Cuba, se trouvait la famille Vidaud de Pommerait, dont l'un des fils, Adelson Vidaud, fils d'un proscrit de l'Empire, était le beau-père de l'auteur de ce récit.

ceo, père d'Antonio Maceo, dont nous raconterons la mort au cours de ce récit.

Une autre légende, très curieuse et originale entre toutes, est répandue au sujet de Mariane Grajales, mère de Maceo, à laquelle on attribue une origine royale. Elle descendait, dit-on, de la reine Achjaaba Graal, princesse d'H[illegible], qui vint en Europe en 1640 et qui, de retour [illegible] son voyage au cours duquel elle avait été reçue par les rois de France et d'Angleterre, importa aux Antilles les mœurs et les coutumes raffinées qu'elle avait pu acquérir durant son séjour dans la vieille Europe.

Quoiqu'il en soit, ce qui nous intéresse surtout, c'est de savoir que les parents de Maceo n'étaient pas esclaves, et que Maceo était de bonne souche, et séparatiste de cœur. Partisan résolu de la liberté, il voulait et l'abolition de l'esclavage, et la suppression des horribles traitements que l'on faisait subir aux gens de sa race, pour mieux les tenir sous le joug des maîtres.

Un peuple d'esclaves traité à coups de fouet, est plus facile à gouverner qu'un peuple d'hommes libres, en possession de tous les droits que le progrès a donné aux libres citoyens.

Mariane Grajales, mariée une première fois, avait eu de cette première union plusieurs fils. Il est certain que ses fils ou moururent en bas âge, ou ne jouèrent aucun rôle au cours de la guerre de 1868, dite « Guerre de Dix Ans ».

Les enfants issus du second mariage de Mariane Grajales avec Marco Maceo furent tous d'ardents patriotes qui combattirent vaillamment pendant la guerre de l'Indépendance. Leur père fut tué glorieusement à l'attaque de la Sucrerie San Augustin en 1869.

La mère de Maceo, disent les Cubains, peut être comparée à la noble mère des Gracques.

Sa mission fut de donner des défenseurs à la Patrie.

Tous ces détails étaient nécessaires pour que le lecteur puisse comprendre le rôle que jouèrent les vaillants fils de Maceo, Antonio et José Maceo, dans les différentes révolutions cubaines.

III

Pluie de Sang

Un pays où le sang a inondé la terre doit fatalement être purifié par le feu. Sans être très vieux, beaucoup d'hommes se rappellent les temps maudits de l'esclavage à Cuba, et les traitements barbares qui les ont marqués. Mais pour les jeunes, pour ceux qui n'ont pas connu toutes les horreurs passées, la chaîne, l'anneau de fer, le *cuarto* et le *bocabajo* (1), nous devons décrire ici une scène terrible, la scène qui provoqua le renvoi de Maceo de la *finca* (2), où il travaillait, la scène cruellement sauvage qui coûta la vie à sa pauvre commère Marguerite et qui eut une influence décisive non-seulement sur les destinées de l'héroïque enfant de Majaguabo, mais encore sur les destinées de ce peuple cubain qui fut arraché grâce à lui à la plus sévère des tutelles.

Qui pourrait penser que la mort obscure d'une malheureuse négresse esclave, dans un *barracon* (3) d'une sucrerie de Cuba, devait coûter à l'Espagne son empire colonial ! Desseins impénétrables de la destinée et de la justice !

---

(1) On ne peut traduire exactement en français le mot *bocabajo*. Le châtiment du *bocabajo* consistait à attacher l'esclave sur une échelle, et à le faire frapper par le *commandeur* d'un certain nombre de coups de fouet.

(2) *Finca*. Propriété rurale. Sorte de ferme où l'on cultive les produits du sol : café, cacao, etc.

(3) *Barracon*. Case où les nègres étaient comme casernés. Ces cases étaient divisées en cellules, où les nègres étaient deux à habiter.

(J'ouvre ici une parenthèse pour déclarer que l'Espagne en elle-même ne peut être rendue responsable que de trop de faiblesse à l'égard de ses représentants. Ce sont les gouverneurs, les capitaines généraux, disait-on, sorte de vice-rois, qui firent haïr la vieille péninsule; pas tous certes, car à ma connaissance deux de ces gouverneurs, Martinez Campos et Polaviéja —aujourd'hui président du conseil supérieur de la guerre en Espagne — donnèrent des preuves de sage administration. Polaviéja, qui avait comme chef d'état-major l'homme le meilleur, le plus honnête, le plus loyal, le colonel de Carlos Lecumberri, dut à ce collaborateur zélé et fidèle, bon aussi dans toute l'acception du mot, la réputation d'intégrité qui lui fut faite. Les soldats espagnols se conduisirent en héros, tout comme les Cubains. S'ils furent cruels, c'est parce qu'ils étaient obligés de l'être, sous peine d'être passés par les armes. Le sanguinaire Weyler transformait en bourreaux les fils de la chevaleresque Espagne, et c'est à ce Néron moderne que doivent être imputés tous les désastres qui frappèrent ce beau pays. Je reviendrai d'ailleurs plus longuement sur ce sujet.)

Je reprends mon récit.

Marguerite était une négresse, jeune encore malgré ses quarante-cinq ans et les horribles traces de peti vérole qui avaient abîmé son visage.

Sur toute la Sucrerie *Yabucito Quibu*, et à vingt lieues à la ronde, on prononçait avec respect et affection le nom de Marguerite, parce qu'elle était une habile et dévouée infirmière, et une généreuse philanthrope.

Atteinte de la petite-vérole vers sa dix-huitième année elle demeura percluse dans l'infirmerie de la sucrerie, où sa convalescence fut longue. Marguerite en profita pour aider dans ses occupations la vieille infirmière de couleur qui était en même temps chargée de soigner et d'élever les petits nègres.

Marguerite avait appris, avec cette femme, beaucoup de choses utiles, et un grand nombre de recettes indispensables pour donner les premiers soins à un malade ou a un blessé, en attendant l'arrivée du docteur, et son intelligence vive décida le médecin de la sucrerie à lui confier la manipulation des drogues et les préparations pharmaceutiques.

Pendant plus de deux années Marguerite, dans l'impossibilité de s'adonner aux travaux des champs, continua son apprentissage d'infirmière, apprenant à soigner les malades, à soulager leurs souffrances.

La vieille négresse vint à mourir, et Marguerite la remplaça alors officiellement dans ses fonctions à la grande joie de ceux qui connaissaient et ses aptitudes et sa sollicitude, et l'immense bonté de son cœur.

Le propriétaire de *Yabucito*, don Leandro C..., métis de Manzanillo (1), homme dur, était cruel avec ses esclaves, et la cruauté innée en lui, venait du sang africain qui courait dans ses veines. Petit-fils d'esclaves il lui semblait qu'en les traitant durement, il effaçait jusqu'au souvenir de son origine.

Vers le milieu de 1865, le *mayoral* (2) de la sucrerie, nommé Lemus, tomba gravement malade, et le médecin, après un examen minutieux, diagnostiqua une attaque d'urémie, dont l'issue devait être fatale.

Dès que le médecin eut condamné Lemus, ses fils et ses parents eurent recours aux remèdes sauvages en usage chez les nègres, et

---

(1) Ville de la province de Santiago de Cuba.
(2) *Mayoral*, majord'homme, gérant.

un de ses cousins se souvint que quelques années auparavant Lemus, atteint d'une autre grave maladie, avait été soigné et guéri par la vieille négresse (dont Marguerite avait été l'élève), au moyen de tisanes d'herbes dont Marguerite connaissait et la composition, et l'application.

On fit donc appeler l'infirmière pour la supplier de soigner le malade : après un minutieux examen, Marguerite, remuant la tête, laissa tomber ces paroles de mort :

— Mon maître le *mayoral* est perdu. Cette nuit même, à l'heure où la lune disparaîtra derrière les montagnes, mon maître le *mayoral* sera mort.

Malgré ce pronostic fait avec la sûreté et la précision d'un être habitué à voir souffrir et agoniser les malades, on obligea l'infirmière à administrer au *mayoral* une de ses tisanes miraculeuses. Marguerite obéit, mais tout fut inutile, et dans la nuit même le malade rendit le dernier soupir.

Alors dans l'entourage du maître on commença à chuchoter; Marguerite devint l'objet des soupçons de la famille, jusqu'à ce que les parents du défunt finirent par l'accuser formellement d'avoir empoisonné Lémus. Ce qui contribua puissamment à donner plus de poids à ces bruits mensongers, fut l'affirmation d'un des employés qui déclara que le jour de l'enterrement du *mayoral* il avait vu Marguerite vidant dans la *cachacera* (1) de la sucrerie quelques bouteilles de ses tisanes.

Ce bruit, qui se répandit vite sur la *finca*, parvint aux oreilles de Don Léandre, dont le caractère féroce, exaspéré encore par la mort de son cruel mayoral, fut frappé par ces suppo-

(1) *Cachacera*. Immense chaudière où l'on fait cuire le jus des cannes à sucre.

sitions calomnieuses. Don Léandre laissa éclater sa colère et ordonna, d'une voix irritée, qu'on amenât immédiatement devant lui la pauvre Marguerite.

La malheureuse et innocente infirmière, ignorant le danger qui planait sur sa tête, se présenta tranquillement devant son maître.

Le métis la regarda d'un air courroucé et s'écria :

— Holà ! *mama* (1), pourquoi as-tu tué mon mayoral ?

La pauvre femme sentit son sang se glacer dans ses veines et commença en balbutiant à se disculper. Mais le brutal Don Léandre, prenant son trouble pour un aveu tacite de son crime, éclata en injures contre son esclave et finit, emporté par la colère, par lui dire :

— A l'instant même tu vas me dire pourquoi tu as empoisonné Lemus, ou je te ferais mourir sous le fouet.

Marguerite, épouvantée, tomba à genoux devant le maître, et elle jura qu'elle était innocente; puis, affolée, elle implora la pitié et le pardon de Don Leandre comme si elle avait été réellement coupable du crime dont on l'accusait.

Mais tout fut inutile. Don Leandre donna l'ordre, devant elle, de l'enfermer dans la case du *cepo* (2), voisine de la case du mayoral, et de lui mettre aux pieds la barre de fer, cet horrible instrument de torture qui, pendant des siècles, constitua un des supplices les plus

(1) Expression familière empruntée au patois nègre et qui signifie « mère ».

(2) *Cepo*. Expression que l'on ne peut traduire exactement en français; *cepo*, c'est la *cangue* des Chinois, sorte de carcan portatif. Mais on nommait *casa de cepo* le cachot où se trouvaient tous les instruments de torture (le mot n'est pas trop fort) employés contre les nègres.

épouvantables et des plus redoutés des esclaves de Cuba.

L'ordre fut exécuté aussitôt. Marguerite passa tout le jour et toute la nuit dans le *cepo*, ne prenant qu'un peu d'eau que lui avait donnée l'aide-mayoral, un homme compatissant.

Toute la population de la finca était consternée. Marguerite, l'esclave favorite, l'infirmière intelligente qui soulageait toutes les souffrances, qui assistait et soignait avec dévouement les jeunes mères et leurs enfants, Marguerite allait être soumise au plus cruel des châtiments, et fouettée pendant neuf jours si elle ne confessait pas son crime.

Cette nouvelle se répandit bientôt dans les fincas avoisinantes, où la renommée de l'infirmière comptait un grand nombre d'admirateurs, et les intercessions et les prières ne manquèrent pas à la famille du mayoral pour qu'elle obtînt de Don Leandre la grâce de Marguerite. Mais tout fut inutile. A 9 heures du matin, au moment où les esclaves rentraient des plantations au *batey* (1), pour y prendre leur misérable nourriture, Don Leandre donna au *contre-mayoral* l'ordre de faire mettre en rang tous les travailleurs, puis fit amener la pauvre négresse.

— Eh bien! négresse, lui cria-t-il, une dernière fois veux-tu dire comment et pourquoi tu as empoisonné Lemus?

L'accusée se reprit à pleurer, protestant encore de son innocence. Don Leandre, furieux, frappa le sol du pied, et s'adressant au *commandeur* (2) :

— Tournez-moi cette sorcière et administrez-lui vingt-cinq coups de nerf.

---

(1) *Batey*. Enceinte où se trouvaient les cases du nègre et les dépendances.

(2) *Commandeur*. Sorte d'employé préposé à la sur-

Ainsi fut fait. La malheureuse femme, chair d'esclave donnée en pâture, fut attachée à quatre pieux plantés en terre, et le contre-mayoral, armé d'un terrible nerf de bœuf, releva les jupes de l'infortunée, laissant les chairs nues jusqu'à la ceinture; puis le supplice commença malgré les gémissements, les prières et les protestations d'innocence de la victime. Au dixième coup la pauvre Marguerite s'évanouit.

Brusquement un jeune et robuste mulâtre, fendant les files d'esclaves, se dirigea vers la maison d'habitation devant laquelle, assis dans une berceuse créole, les pieds croisés sur un tabouret, se balançait Don Leandre, qui regardait impassible le supplice de Marguerite.

D'un pas décidé le mulâtre franchit les trois marches conduisant à la porte à laquelle était adossé le féroce propriétaire de la sucrerie, et tombant aux pieds du maître, il dit d'une voix tremblante d'émotion :

— Grâce, maître, grâce pour Marguerite !

Don Leandre se dressa sur son siège et, brandissant le fouet qu'il tenait à la main, il s'écria furieux :

— Insolent ! Qui donc es-tu et comment oses-tu venir me déranger ?

— Monsieur, répondit le mulâtre, je suis Antonio, employé aux soins des chevaux et du bétail, et Marguerite est ma commère.

— Loin d'ici, misérable, ou je te coupe la figure avec mon fouet !

Le mulâtre reprit son chapeau qu'il avait jeté à côté de lui, se releva et redescendit lentement, défiant du regard l'aveugle colère du maître. Il retraversa le *batey* et s'éloigna du lieu du supplice, se dirigeant vers le pâtu-

---

veillance et au châtiment des esclaves; le commandeur correspond à peu près aux anciens capitaines d'armes de notre marine.

rage où se trouvaient ses bœufs et ses animaux.

Ce mulâtre était Antonio Maceo, et le supplice de la malheureuse Marguerite devait coûter aux esclavagistes et à l'Espagne qui les protégeait, des torrents de sang.

IV

Le Serment

Infamie ! L'injuste supplice, le martyre impie de l'innocente s'acheva, et ne prit fin qu'au vingt-cinquième coup.

On transporta la malheureuse, privée de sentiment, à l'infirmerie pour lui appliquer le traitement sauvage de ce temps. Il consistait à inciser les chairs et à placer sur les blessures des compresses d'urine, de sel et de tabac (1).

L'esclave ne reprit pas ses sens malgré ce traitement barbare, et ses bourreaux la laissèrent sur un grabat dans cette infirmerie qu'elle dirigeait la veille encore. Alors les malades comprirent qu'ils n'auraient plus personne pour les soigner, les consoler et apaiser leurs souffrances !

Le lendemain, le contre-mayoral vint annoncer à Don Léandre que Marguerite était morte dans la nuit; on fit venir aussitôt le médecin de la sucrerie, homme à la conscience large et élastique, et ce médecin n'hésita pas à déclarer que la malheureuse négresse avait succombé à un érysipèle purulent. Cela pour éviter que la justice espagnole ne procédât à une enquête qui eût fait condamner le maître à une forte amende et peut-être même à la prison.

Le docteur apprit à voix basse à Don Leandre que l'esclave s'était empoisonnée, et c'était la

(1) Je demande pardon à mes lecteurs de ces détails quelque peu réalistes. Ils sont vrais, et l'histoire, en décrivant ces atrocités, les a déjà flétries.

vérité. En effet, à peine revenue à elle, l'esclave s'était traînée jusqu'à l'armoire qui contenait les médicaments, avait pris un flacon de noix vomique qu'elle avait caché sous ses vêtements et, la nuit venue, alors que tous dormaient autour d'elle, elle en avait avalé d'un trait le contenu.

La nouvelle se répandit comme une traînée de poudre sur la sucrerie et aux environs; Marguerite était, nous l'avons dit, une sorte de Sibylle pour tous ceux qui, atteints de maladies chroniques, avaient été guéris par elle après avoir été soignés en vain par les médecins du pays, et tous les malheureux, pour lui prouver leur reconnaissance, lui apportaient les uns de l'argent, les autres des poules ou des cochons de lait. Grâce à ces dons, Marguerite avait pu, en moins de deux années, racheter et affranchir deux petits nègres, ses filleuls. Au baptême de l'un d'eux Antonio Maceo avait servi de parrain; c'est pour cette raison que le futur héros l'appelait « commère ».

Une délégation des esclaves les plus sérieux et les plus estimés pour leur bonne conduite fut envoyée à Don Léandre pour lui demander la permission de transporter le cadavre de l'infirmière dans le *barracon*, et de le veiller, ainsi que cela se pratique habituellement.

Le féroce métis, qui se repentait de sa cruauté ou plutôt qui en redoutait les conséquences, non-seulement accéda à ce qu'on lui demandait, mais encore accorda un jour aux délégués, les dispensant de tout travail, et alla même jusqu'à ordonner au charpentier de la sucrerie de faire un cercueil « *comme pour un blanc* », donnant, de plus, un écu pour les cierges et la « doublure » de la bière.

Les préparatifs pour la veillée commencèrent aussitôt, et tandis que quelques négresses s'occupaient d'ensevelir le corps de Marguerite, les autres préparaient les légumes nécessaires pour l'*ajiaco* (1) créole, et pour le *calalu* (2) africain.

Les nègres démontèrent les lits dans le *barracon* des hommes, plus vaste que celui des femmes et dans lequel on devait exposer le cadavre; puis ils allumèrent un feu, à la chaleur duquel ils tendirent le cuir de leurs larges et rustiques *tumbas* (3). C'est au bruit de ces instruments que les nègres célèbrent leurs joies ou pleurent leurs tristesses.

A midi et demi tout était prêt : le cadavre fut exposé au centre du barracon, éclairé par quatre torches piquées sur des pieux, et les négresses de la sucrerie commencèrent à défiler, chantant d'une voix plaintive l'éloge de la morte, et accompagnant leurs chants de gestes de douleur. A chacune de ces lamentations faites d'un ton simple et sauvage, les nègres répondaient en chœur, en s'accompagnant sur leurs tambours, ce refrain des indigènes du Congo :

« Tambori la manoncué
» Cunangüé.....
» Una nangüé.....
» Cunangüé..... »

Ce chant funèbre signifie à peu près : « Tu reposes, toi qui es morte, car les morts sont les seuls à se reposer. »

La nuit vint. On ne pouvait plus trouver de

---

(1) *Ajiaco.* Sorte de potage composé de volailles, viandes de mouton et autres; légumes, igname, bananes vertes, etc.

(2) *Calalu.* Soupe créole composée à peu près comme l'*ajiaco*, avec en plus le *gombo*, légume importé d'Afrique.

(3) *Tumba.* Sorte de tambour en usage chez les peuplades sauvages et ressemblant à un baril recouvert d'épais parchemins.

place dans le barracon, parce que des environs étaient accourus une foule d'affranchis et autant d'esclaves que leurs maîtres avaient autorisé à aller assister à la veillée de Marguerite.

La foule devint tellement nombreuse que la négresse Marcella, surnommée « la Sorcière », héritière présumée des fonctions que Marguerite remplissait à la sucrerie, et qui avait la direction de la veillée, dit aux assistants :

— Tous les hommes dehors, il n'y a plus de place ici.

— La vieille a raison, s'écria Antonio Maceo; tous les hommes dehors, et qu'ils ne craignent pas l'air de la nuit.

Et il sortit, suivi d'un groupe nombreux de nègres et de mulâtres qui, franchissant l'enceinte du barracon, allèrent s'asseoir dans les champs.

C'est là qu'à minuit, quand la Sorcière vint apporter le café aux hommes qui étaient sortis du barracon à la suite d'Antonio Maceo, elle fut surprise du spectacle qui s'offrit à sa vue. Trente ou quarante nègres et mulâtres entouraient Maceo qui, au milieu d'eux, tenait étendu son *machete* (1), sur lequel ils avaient croisé leurs couteaux et leurs faulx.

La tête relevée, les yeux fixés sur le ciel dont les étoiles perçaient l'obscurité, et, dans le regard, un superbe éclair d'orgueil et de révolte, les narines dilatées et la poitrine haletante, le robuste gardeur de bétail dominait tous ceux qui l'entouraient et qui semblaient fascinés par sa présence.

(L'ascendant du futur héros de la Révolution cubaine sur tous ceux qui l'approchaient ne se démentit jamais, et les autres révolutionnaires,

---

(1) *Machete.* Coutelas de la longueur d'un sabre ordinaire dont se servent les nègres de l'Amérique du Sud. C'est une arme terrible dans des mains exercées.

tant pendant la guerre de 1868 qu'au commencement de celle de 1895, tous aussi braves, aussi courageux que Maceo, reconnaissaient qu'ils ne pouvaient se soustraire à cet ascendant moral que l'immortel général de la Révolution Séparatiste exerçait sur tous ses soldats.)

V

L'Espionne.

La « Sorcière », sans rien comprendre à ce qui se passait, surprise certes du silence qui l'avait accueillie, s'approcha du groupe et dit :

— Enfants, voici le café. Allez et gardez-vous bien de faire ou de dire des bêtises.

Elle posa sur le sol le vase rempli du liquide fumant et six ou sept callebasses qui servent de tasses chez les nègres.

Un noir de haute stature sortit du groupe et, saisissant violemment la « Sorcière » par le poignet, lui dit d'un ton de menace :

— Veille sur ta langue, la vieille! Tu ne dois pas parler de ce que tu viens de voir.

— Tais-toi, Manuel, et ne sois pas brutal, lui cria Maceo qui, se retournant vers la négresse ahurie, lui dit d'un ton tranquille :« Nous prions à notre manière, petite mère. Chacun a sa façon d'honorer les morts. »

Et il commença à verser le café avec la plus parfaite indifférence.

La Sorcière s'éloigna. Mais la menace de Manuel avait éveillé son attention et excité sa curiosité de femme, sans compter que l'instinct, inné chez les esclaves, la poussait à aller raconter au maître ce qu'elle avait vu, de façon à se prévaloir de ce service pour obtenir la succession de Marguerite.

A peine se fut-elle éloignée que Maceo dit avec aigreur à Manuel :

— Tu es un imbécile : tu as appelé l'attention de la vieille sur une chose qui aurait passé inaperçue à ses yeux.

— Je l'ai fait, Antoine, parce que.....

— Allons, n'en parlons plus, mais ne fais rien sans mon ordre.....

Et l'incident s'arrêta là.

Les nègres prirent alors le café dans le plus grand silence, et l'un d'eux rapporta ensuite à la Sorcière le récipient vide, tandis que ses camarades se dispersaient : les uns allant s'étendre par terre auprès du barracon, et les autres rentrant dans la salle mortuaire pour causer avec les femmes qui veillaient le cadavre.

L'enterrement de Marguerite eut lieu au petit jour dans le cimetière de la sucrerie, terrain vierge récemment défriché, mais que le maître comptait transformer quelques années plus tard en plantation, après qu'il aurait été fécondé, enrichi par les cadavres de ses esclaves, de ses chevaux et du bétail qui mourraient sur la propriété et que l'on enterrait pêle-mêle.

Lorsque la vie normale eut repris son cours à la finca, lorsque furent achevées les cérémonies funèbres, la « Sorcière » attendit le réveil de Don Leandre et se présenta à lui dans la maison d'habitation.

— La bénédiction, maître, dit l'esclave en se mettant à genoux devant le métis.

— Dieu te fasse bonne! Voyons, relèves-toi; que veux-tu..., être chargée de l'infirmerie? Vas avec Dieu! Vous êtes toutes des paresseuses qui ne méritez même pas l'eau que vous buvez. Enfin soit. Je te confie l'infirmerie, mais veilles avec attention à ce que tu feras.

— Dieu te récompense, maître! Je suis reconnaissante et je n'oublie pas le bien que l'on me fait. Maintenant je vais te dire ce que j'ai vu cette nuit derrière le barracon.

Et la misérable conta dans tous ses détails la scène du serment, mais sans pouvoir expliquer ce qu'elle signifiait ni à quel sentiment obéissaient les noirs.

Don Leandre renvoya la Sorcière sans rien

laisser paraître des impressions qu'il éprouvait, mais il demeura pensif et inquiet, se doutant que l'on devait préparer un soulèvement d'esclaves, chose rare dans cette partie de l'île, mais non impossible à réaliser.

Il réfléchit longtemps, et pensa, non sans raison, que s'il avait l'air d'attacher de l'importance au récit de la Sorcière, qui s'était peut-être trompée, il semblerait craindre ses esclaves, et il résolut alors de renvoyer Antonio Maceo, qui devait être l'instigateur du mouvement. Il se promit de plus de surveiller avec soin les moindres incidents qui se produiraient sur la sucrerie.

Deux heures après Maceo recevait l'ordre de se présenter chez le mayoral, qui lui paya ses journées et lui enjoignit de quitter immédiatement l'habitation.

Ce renvoi explique la journée de marche fatigante accomplie par Maceo, de la sucrerie jusqu'à la case où habitaient ses parents.

VI

Maceo se prépare

Maceo resta peu de temps inoccupé auprès de son père. Un mois après son arrivée, c'est-à-dire en décembre 1865, il entrait comme charretier à la finca de Castillo, où il demeura jusqu'aux premiers jours de la révolution de 1868.

Dans ces nouvelles fonctions le mulâtre montra vite son adresse et son zèle, soit en temps de *safra* (1), en transportant les cannes des champs à l'usine; soit, en morte-saison, en faisant de longs voyages avec sa charrette attelée de trois paires de bœufs et accompagné toujours d'un petit nègre infatigable, de seize ans environ, qui lui servait de bouvier.

Il y a des gens qui prétendent que ce petit nègre fut plus tard le célèbre Zapata qui, après avoir servi de guide aux révolutionnaires cubains, trahit lâchement ses camarades et sa race, et devint un espion de l'armée espagnole, mettant au service de l'Espagne ses yeux qui perçaient l'obscurité, qui distinguaient le vol d'un oiseau ou la présence d'un serpent dans les broussailles, et ce flair qui éventait l'ennemi même à grande distance.

Dans ses fréquents voyages aux *pueblos* (2) voisins, où il portait des cuirs, des bois, des

---

(1) *Zafra*. Récolte de la canne à sucre.
(2) Village.

fruits, et toutes sortes de marchandises, Antonio Maceo eut l'occasion de se lier avec beaucoup de gens, qui devaient presque tous jouer un peu plus tard un rôle actif dans la Révolution de *Yara* (1).

Le cœur enflammé du plus pur amour pour la liberté et pour l'émancipation de sa race, Maceo propageait ses idées, enthousiasmant tous ceux qui l'approchaient, leur assignant déjà leurs rôles et leurs postes de combat au jour heureux où éclaterait le cri de révolte contre l'Espagne.

Parmi toutes les relations que se créa Maceo, aucune ne lui fut plus utile et plus agréable que celle de Guillermo Moncada, ce noble patriote qui devait être plus tard l'illustre « Guillermon ». Cependant Macéo et Moncada ne devinrent intimes qu'au moment où commença la guerre séparatiste.

On comprend parfaitement la sympâthie qui liait ces deux hommes animés d'un même amour, d'un courage indomptable, du même légitime orgueil et de la même haine pour les oppresseurs.

Moncada trouva en Maceo un puissant auxiliaire; tous deux se complétèrent, pour ainsi dire. Ils avaient la même confiance dans les destinées de leur patrie, et malgré la différence de situation sociale, ils se prirent l'un pour l'autre d'une affection qui devait se manifester dans les derniers mois de 1868, au début de la Révolution de Yara.

Maceo ne fut pas un des premiers à se lancer dans la mêlée, prouvant ainsi sa prudence et

---

(1) *Yara*. Ville où fut poussé, en 1868, le premier cri d'indépendance et d'où partit la première troupe insurgée.

sa perspicacité; mais, peu de jours après, lorsqu'il vit que le mouvement tendait à se généraliser, que tous les propriétaires de Santiago de Cuba, de Manzanillo, Bayamo et Jiguani se lançaient dans la campagne avec leur personnel et leurs esclaves; lorsqu'il apprit la prise de Manzanillo par les insurgés, il réunit ses hommes, presque tous des nègres, auxquels vinrent bientôt se joindre de nombreux colons de race blanche, et, suivi de cette troupe, formant un effectif de plus de cent cinquante hommes, marcha à la rencontre de Moncada, qui se trouvait à Jiguani, et se mit à sa disposition.

Maceo, homme de cœur, pouvait être le chef de toutes ces forces réunies, mais respectant Moncada et reconnaissant en lui des qualités supérieures, il ne voulut être que son lieutenant.

Les deux chefs se mirent d'accord pour se réunir quelques jours après dans un village voisin de Santiago de Cuba, dont les environs étaient familiers à Maceo, qui les connaissait colline par colline, pour ainsi dire arbre par arbre, et dans lequel il comptait de nombreux amis. C'est là qu'il devait rencontrer celui qui fut plus tard le général José Lacret, son secrétaire et son ami.

Après s'être séparé de Moncada, Maceo parcourut avec sa troupe tout ce vaste territoire, faisant partout sentir sa présence, réquisitionnant des chevaux, recrutant des hommes, prenant des vivres partout où il en trouvait, laissant en paiement des bons sur le Trésor de la République cubaine, bons que tous acceptaient, parce que tous étaient d'ardents patriotes confiants dans l'issue finale de la Révolution.

Lorsque Maceo revint dans la zone de Santiago de Cuba, il avait sous ses ordres sept cents hommes, dont deux cents bien montés et bien armés, et c'est à leur tête qu'il arriva à la case paternelle, à cette case dans laquelle, au commencement de ce récit, nous l'avons vu pénétrer, harassé de fatigue, avec huit piastres enveloppées dans un coin de son mouchoir.

C'est dans cette case qu'il devait être rejoint par Guillermo Moncada.

VII

A chacun son dû

Lorsque la nuit vint Maceo ordonna à un de ses officiers de réunir deux cents hommes à pied et tous de couleur, avec lesquels il se mit en marche, suivi d'une escorte composée des nègres qui, trois ans plus tôt, avaient prêté serment dans cette finca d'où on l'avait chassé. Puis il prit le chemin de cette même finca maudite où sa malheureuse commère Marguerite avait été tuée.

En apercevant les hautes cheminées de la sucrerie, Maceo fit faire halte à sa troupe, qu'il divisa en pelotons de vingt hommes, leur donnant comme mot d'ordre « *Marguerite* » et comme mot de ralliement « *l'Heure-est-venue* », et les avertit qu'il entendait pénétrer seul dans la sucrerie qu'ils allaient attaquer et qu'ils ne devaient le suivre qu'au moment où ils seraient appelés par un coup de feu.

Chaque groupe prit un des sentiers tracés dans les champs de canne à sucre, et Maceo se mit en marche avec son escorte, longeant la haie d'orchidées qui séparait le chemin du barracon. Arrivé au bout de la haie, il mit pied à terre, jeta la bride de son cheval à un de ses hommes, et après avoir recommandé le plus grand silence, il pénétra dans la propriété, et se dirigea vers une hutte devant laquelle il dit : « Gavino ! l'heure est venue. »

Des aboiements furieux répondirent à Maceo, qui serra les poings avec rage.

« Silence, Gavilau », dit-il à voix basse. Le chien se tut, mais ses aboiements avaient réveillé son maître, qui sortit en demandant qui était là : « *L'heure est venue* », répéta Maceo.

Aussitôt le nègre qui habitait la hutte se précipita dehors, suivi du chien, qui vint caresser l'arrivant. Maceo le repoussa doucement.

Ce nègre était le contre-mayoral de la finca.

— Qu'y a-t-il donc? demanda-t-il.

— Que l'heure est venue, répondit Maceo; prends tes armes et suis-moi.

Gavino rentra dans la hutte, prit son *machete*, une vieille escopette rouillée, et quelques lanières de cuir. A ce moment il entendit un coup sourd suivi d'une sorte de gémissement plaintif, et, en franchissant la porte, il vit Maceo qui essuyait son *machete* sur le corps de Gavilan.

— Tu as tué le chien? demanda-t-il.

— Oui, Gavino; ceux qui aboient sont gênants.

Puis il partit, suivi de Gavino, et rejoignit son escorte.

La petite troupe se remit en route; Gavino marchant à la tête du cheval de Maceo, la main appuyée sur le cou de l'animal, attendant les ordres du chef. Arrivé en vue de la maison d'habitation, Maceo dit à Gavino :

— Va et ne te trompes pas. Je t'attends derrière la maison.

Les cavaliers pressèrent le pas de leurs montures et s'arrêtèrent à une centaine de mètres du batey.

— Un à un et doucement, commanda Maceo; entourez la cage pour empêcher l'oiseau de s'envoler.

Pendant ce temps Gavino, arrêté au milieu du batey, comptait les cavaliers qui allaient prendre le poste qui leur était assigné. Au vingt-cinquième il reprit résolument sa marche, déposa son fusil au pied de la cloche d'appel, cacha son *machete* sous ses vêtements, et s'approcha sans bruit de la fenêtre de la chambre occupée par le mayoral, homme cruel, mais courageux, originaire des Canaries, comme Lemus, à qui il avait succédé.

— Maître ! maître ! cria-t-il.

Un grognement sauvage, suivi d'une menace, répondit à l'appel de Gavino.

— Maître ! maître ! répéta celui-ci, sans se laisser intimider par la présence du chien.

— Qui est là ? cria de l'intérieur le mayoral.

— C'est moi, Gavino, votre contre-mayoral.

— Qu'as-tu, nègre ? Que cherches-tu ?

— Les soldats sont derrière la maison, et le commandant veut parler au maître et à votre Grâce.

— Attends-moi un moment, nous y allons.

Le mayoral, jeune et intelligent, sauta à bas de son lit et, en moins de trois minutes, passa son *machete* à la ceinture, jeta sur ses épaules un veston, prit son chapeau de *yarey* (1) et parut sur le seuil suivi d'un énorme chien de garde qui aboyait, bien qu'il connût Gavino.

— Holà, nègre, dit le mayoral avec méfiance, comment se fait-il que tu sois sorti du barracon alors que j'ai les clefs dans ma poche ?

— Les soldats ont ouvert une brèche dans la haie et m'ont réveillé en me donnant l'ordre de vous appeler ainsi que le maître.

— Marchons donc.

Le mayoral ferma la porte à clef, mit la clef dans sa poche, et prenant à la main la lanière de cuir, symbole de son autorité, dit à Gavino :

— Passe devant, nègre !

Le guide ouvrit rapidement la marche, me-

(1) *Yarey*, latanier.

surant de l'œil la distance qui devait le mettre hors d'atteinte des dents de l'énorme chien.

Le mayoral satisfait de l'explication que lui avait donné Gavino au sujet de sa sortie du barracon, ne vit dans cette hâte que le désir de prévenir les soldats de sa présence. Mais il ne tarda pas à se repentir de sa confiance, lorsqu'arrivé sur le côté de la maison d'habitation, il vit le nègre prendre le pas de course, en criant :

— Marguerite, l'heure est venue !

Un coup de feu retentit derrière la maison, et le mayoral, à peine revenu de sa surprise, vit, atterré, déboucher du batey, un groupe d'hommes, armés pour la plupart de *machetes* et qui couraient vers lui aux cris de : « L'heure est venue ! l'heure est venue ! »

Le mayoral était courageux, aussi se sentant perdu, résolut-il de vendre chèrement sa vie. Tirant son *machete*, il cria aux nègres qui venaient vers lui :

— Venez donc, fils de chiens, j'ai besoin pour mon chien et moi d'une bouillie de nègres !

Les révoltés, retenus un moment par l'habitude de l'obéissance au mayoral, s'arrêtèrent : mais cette hésitation dura peu, car Maceo, laissant ses hommes postés autour de la maison, lança son cheval sur le mayoral, le renversa désarmé, tandis que d'un coup de *machete* il fendait la gueule du chien qui le menaçait.

— Attachez-moi cet homme, commanda-t-il.

L'ordre fut aussitôt exécuté.

— Gavino, ajouta Maceo, prends les clefs du barracon, et amène le personnel ici.

Gavino fouilla les poches du prisonnier, qui écumait de rage, prit les clefs et s'en fut obéir aux instructions du chef.

— Quelqu'un pour tenir mon cheval, ajouta Maceo en sautant à terre, et toi, Santiago, dit-il à un mulâtre de haute taille, prends le commandement de nos hommes jusqu'au retour de Gavino. Maintenant, que personne ne me suive jusqu'à ce que j'appelle. Advienne que pourra.

Et il se dirigea rapidement vers la maison d'habitation. Il frappa à la porte juste au moment où don Leandre, réveillé par la détonation et par les cris de « l'heure est venue », sortait de sa chambre tenant dans la main droite un magnifique revolver, tandis que de la main gauche il élevait une lampe au-dessus de sa tête.

Il ouvrit sans méfiance la porte, croyant que c'était le mayoral, mais malgré son courage, il tressaillit de terreur en apercevant à la lumière de la lampe Antonio Maceo, qui le regardait avec haine.

— Qui es-tu, toi qui m'appelles? Que veux-tu? demanda don Léandre en essayant de fermer la porte.

Maceo, les bras croisés, mais le *machete* au poing, répondit avec un calme effrayant :

— Je suis Antonio Maceo! Te souviens-tu? Je viens te tuer sous le fouet.

Don Léandre trembla d'étonnement et de colère.

— A moi, chien! dit-il en levant son revolver.

Maceo, sans broncher, étendit le bras gauche et poussa violemment la porte en se précipitant sur don Léandre, qui fit feu en se reculant.

La première balle traversa le chapeau de Maceo; un second coup de feu le blessa à l'épaule; don Léandre ne put tirer un troisième coup, le *machete* de Maceo lui ayant coupé le poignet; don Léandre tomba, essayant de ramasser le revolver avec la main gauche; mais Maceo lui mit le pied sur le cou, ainsi que l'on fait d'ordinaire pour écraser un reptile, et cria :

— Deux hommes ici! attachez-moi ce misérable, et dites à Gavino de venir se préparer pour lui donner le fouet.

Après avoir passé à sa ceinture le revolver qu'il avait ramassé, Maceo défit sa chemise, découvrit sa blessure et arracha avec ses doigts le projectile qui était resté à fleur de peau; Gavino qui accourait sur ses entrefaites, pansa et banda la blessure de son chef.

Le personnel de la plantation était arrivé et avait été placé sur un rang dans le batey, éclairé par des torches.

Don Léandre, rugissant, fut attaché à quatre poteaux, comme l'avait été la malheureuse Marguerite. Un nègre le déshabilla..... et alors fut appliquée la terrible *peine du talion* à laquelle Antonio Maceo avait condamné le cruel propriétaire de la finca.

Don Léandre mourut pendant le supplice administré par la main du robuste Gavino, avec la lanière de cuir du mayoral. Il mourut non seulement par suite des coups, mais aussi et surtout tué par la colère de se voir, impuissant, fouetté par un de ses esclaves, en présence de tous les nègres de la propriété.

Le mayoral fut étranglé ensuite avec ce même cuir qu'il faisait claquer sur les malheureux esclaves, et les cadavres des deux misérables furent pendus à la corde qui servait à sonner la cloche.

La finca fut mise au pillage.

Les révoltés, sur l'ordre de Maceo, enlevèrent chevaux, bétail, vêtements, médicaments, vivres; placèrent sur des charrettes tout ce qui pouvait s'emporter, puis mirent le feu aux bâtiments et aux champs de cannes à sucre.

Maceo prit la tête du convoi et fut établir son campement à un endroit de la montagne où il devait attendre l'arrivée de Guillermon.

Ce fut le premier acte de justice accompli par le vaillant champion pour le relèvement moral de sa race !

VIII

La Première Guerre.

Il faudrait des volumes, et non pas un opuscule comme celui-ci, pour dire les exploits de l'immortel Antonio Maceo pendant la première guerre de l'Indépendance cubaine; ce récit n'étant qu'un résumé trop bref de l'histoire de l'héroïque mulâtre, honneur de son pays et de sa race, nous devons nous borner à retracer brièvement la part qu'il a prise dans la première révolution, dite « Guerre de Dix Ans », pour pouvoir relater également le rôle beaucoup plus important joué par Maceo, pendant la seconde et dernière campagne, qui commença à *Batre* (1) et qui, après avoir mis fin à la domination espagnole à Cuba, vit mourir le Titan de bronze qui dirigea l'invasion de l'Orient à l'Occident, accompagné du général Maximo Gomez.

En moins de cinq mois, au milieu des troupes de Guillermon, Lacret et autres chefs, unies aux siennes, Maceo se vit rapidement distingué par sa nomination au grade de colonel, chef de la zone militaire de Santiago de Cuba et, de plus, chef de la région de *Guantanamo* (2), nomination qui fut faite par le Pouvoir exécutif de la République.

L'insurrection en Orient marcha pendant les huit premiers mois de victoire en victoire, en-

---

(1) *Batre*, ville de Cuba d'où partit le premier cri d'indépendance.

(2) *Guantanamo*, ville de la province de Santiago de Cuba, sur le Guaso.

levant les places de Manzanillo, Baire, Bayamo et Jiguani. Maceo, comme Guillermon, Donato, Marmol, etc., se révéla dans ces premiers faits d'armes tacticien consommé, autant que chef valeureux.

Son influence et son prestige en Orient furent indiscutables et ses faits d'armes véritablement éclatants.

Maceo devait le résultat de ses entreprises militaires à sa hardiesse, à son courage et à la bonne fortune qui ne se lassa pas de l'accompagner dans ses audacieuses aventures.

Il était tellement connu et redouté des troupes espagnoles, que sa présence seule dans un combat suffisait pour changer la face des choses dans les moments les plus critiques.

Maceo était un véritable tacticien, maître en stratégie et, par dessus tout, c'était un guerrier plein de hardiesse, de fougue et de bravoure. Il exerçait sur tous les patriotes qu'il commandait un empire absolu, les suggestionnant pour ainsi dire, leur persuadant qu'ils allaient vaincre, et, de fait, ils étaient toujours vainqueurs. Il attaquait les Espagnols sans perdre de temps à compter leur nombre, et lorsqu'il lui fallait battre en retraite, malgré des prodiges d'héroïsme, il faisait payer cher aux vainqueurs leur victoire éphémère.

Lorsque la guerre de Dix Ans fut terminée par le Pacte de *Zanjon*, Maceo adopta l'attitude correcte que sa conscience de patriote lui commandait. Repoussant le pacte parce qu'il ne croyait pas à la bonne foi des gouvernants espagnols, il remit son épée au fourreau et se consacra à l'agriculture, donnant ainsi à son peuple une nouvelle preuve de son désintéressement et de ses vertus civiques.

Conservant au fond du cœur son enthousiasme pour l'idée séparatiste, et disposé a recommencer la lutte lorsque viendrait l'heure,

Maceo fut agriculteur à Saint-Domingue, à Panama, en Honduras, à Costa-Rica, éloigné en apparence, étranger, semblait-il, à tout travail révolutionnaire, mais s'attachant à apprendre la tactique de l'armée française, et faisant de fréquents voyages à New-York pour y conférer avec les notabilités cubaines les plus attachées à la cause séparatiste : les Maximo Gomez, les Marti, les *Tomas Estrada Palma* (1).

---

(1) *Tomas Estrada Palma* a été élu le 20 mai 1902 président de la République cubaine.

IX

La Dernière Guerre.

En 1886, l'œuvre révolutionnaire de Marti avait fait de grands progrès; le parti était complètement organisé tant à Cuba même, que dans les pays voisins.

Maceo entretenait une correspondance suivie avec le général Lacret, qui fut toujours son ami fidèle, son secrétaire, son confident.

A l'époque où le général espagnol Manuel Salamanca commandait à Cuba, il existait dans l'île un grand nombre de comités révolutionnaires qui n'attendaient qu'un signal pour entrer en campagne.

Maceo arriva alors à Cuba : mais les autorités espagnoles, redoutant son influence, l'obligèrent à quitter de nouveau le pays.

La présence de Maceo à la Havane, bien que de courte durée, mit en relief sa popularité immense et la profonde affection qu'avaient pour lui les Cubains.

Il n'était pas rare, lorsque Maceo se promenait devant la légendaire *Acera del Louvre* (1), de voir les jeunes gens les plus distingués de la ville, le saluer militairement en lui criant :

— Bonjour, général !

— Bonne escorte ! excellente avant-garde ! s'écriait Maceo, en leur rendant un salut affectueux.

Maceo quitta l'île et s'embarqua pour Zampa

---

(1) *Acera del Louvre*, quartier de la Havane : quelque chose comme notre boulevard des Italiens; rendez-vous de tous les élégants.

au milieu de l'année 1888, emportant plus de 30.000 piastres, don des patriotes cubains pour la cause révolutionnaire. A Zampa il recueillit de nouvelles sommes qui furent remises par lui à la Délégation. De Mexico également on lui envoya des subsides.

En 1895 éclata à Cuba le mouvement révolutionnaire, et Maceo, appelé à son poste, se rendit à New-York et prit le commandement de trente insurgés d'élite qui, avec Flor Crombet(1), devaient l'accompagner, et se dirigea vers les îles Bahama.

Tout était prêt pour l'expédition, que trois jours plus tard Maceo devait débarquer sur la terre cubaine.

Le patron de la petite goëlette affrétée pour faire la traversée, achevait son dernier verre de wiskey, dans un café retiré du port, lorsqu'un homme enveloppé d'un grand manteau et coiffé d'un bonnet de fourrures, l'aborda et lui dit en anglais :

— Prenons un autre verre, patron !

— Vous faites partie de l'expédition? demanda ce dernier.

— Nous allons causer de cela, lui répondit l'inconnu en vidant le verre qu'on venait de lui apporter. Le patron en fit autant; puis l'inconnu paya les consommations, et les deux hommes quittèrent le café et se dirigèrent vers le port, obscur et désert à ce moment.

L'entretien fut long et, en se séparant, l'inconnu dit au patron :

— Nous sommes d'accord, n'est-ce pas? Donc jusqu'à demain !

— D'accord, *all right*, répondit le patron de la goëlette qui devait conduire Maceo à Cuba.

Ce qui s'était passé sur le port stipulait le

(1) *Flor Crombet*, insurgé célèbre, d'origine française.

prix de la trahison. 5.000 livres sterling venaient d'être offertes par un espion espagnol pour que le patron de la goëlette fit débarquer Maceo et ses hommes à un point déterminé de la côte orientale où ils seraient arrêtés et fusillés.

Comme l'Américain gagnait beaucoup moins à être loyal, et qu'il était avare et cupide, il accepta. Nous verrons plus tard comment il accomplit son infamie.

X

Trahis !

La nuit arriva, obscure, pluvieuse, comme si le ciel eût voulu protéger de ses voiles de ténèbres cette poignée de vaillants patriotes qui défiaient tous les dangers pour la défense de la liberté de leur patrie.

La goëlette était presque en panne. Le patron Charles, un ancien boucanier des Lucayes et des Bahama, connaissait les moindres baies, rochers, anses désertes des ilots du Grand-Banc, et se proposait, ainsi qu'il l'expliqua à Maceo, de les côtoyer pour éviter d'être suivi par quelque croiseur espagnol.

Peu à peu le navire accéléra sa vitesse et, au petit jour, on abordait à une plage déserte où se trouvait à peine cinq ou six pêcheurs.

— A quelle hauteur sommes-nous patron ? demanda Maceo, qui ne quittait pas Charles d'une semelle, et qui dégustait en ce moment une tasse de café cubain préparé par un de ses hommes.

— Je pense que nous ne sommes pas loin de Tunas de Zaza, répondit le patron en indiquant le sud-est.

— Il faudra cette nuit augmenter de vitesse, dit Maceo. Nous n'avons pas de temps à perdre. On nous attend là-bas, et il n'est pas possible à nos amis de camper longtemps au même endroit sans s'exposer à être attaqués et poursuivis par les troupes espagnoles.

— Hum ! fit Charles.

— Il n'y a pas de *hum !* qui tienne, dit Maceo avec énergie. Cette nuit, toutes voiles dehors, et advienne que pourra.

— Hum, monsieur, il ne me plairait pas beaucoup de rencontrer quelque navire de guerre. Je serais gravement compromis et je perdrais mon bateau. Laissez-moi faire, je vous garantis que vous serez à Cuba après-demain à l'aube.

Maceo, contrarié, s'éloigna et s'en fut échanger ses impressions avec ses camarades. La nuit vint, et le patron reprit la haute mer avec les mêmes précautions que la veille.

Maceo et ses compagnons, au bout de deux heures, commencèrent à s'impatienter, et se dirigèrent vers le patron.

— Monsieur Charles, dit le général Maceo, il faut hâter la marche et nous approcher de Cuba.

— Oh! général, je me compromets!

— Combien vaut cette goëlette, demanda Maceo.

— Ce n'est pas seulement la goëlette, dit Charles dans son jargon. Si nous sommes pris par un croiseur espagnol je serais jugé comme pirate et.....

— Je vais vous remettre 5.000 piastres à l'instant même, et en arrivant à Cuba je vous donnerai ce qui est convenu, dit Maceo, mais toutes voiles dehors, et rapidement!

— Oh! vous parlez bien! *All right*, dit le patron en tendant la main.

Maceo entra dans l'étroite cabine de la goëlette, prit un paquet de billets de banque et quelques rouleaux d'or et remit au patron les 5.000 piastres.

Un éclair de cupidité brilla dans les yeux de l'ancien boucanier.

Il prit l'or et les billets, les entassa dans la poche de sa veste et commença aussitôt à donner ses ordres en anglais.

Quiconque n'eût pas été aussi profondément préoccupé que Maceo eût vu avec surprise que tandis que tous les matelots travaillaient, un seul d'entre eux fumait sa pipe, accoudé sur le bastingage, près du patron.

Bientôt la goëlette, toutes ses voiles dehors, fila rapidement comme un cheval fougueux à qui son cavalier donne la liberté après l'avoir débridé, et prit, telle une flèche, la direction du sud-est.

Une demi-heure après tout le monde à bord dormait ou paraissait dormir. Seul le patron, appuyé à babord, sondait les ténèbres avec ses yeux d'oiseau de mer, et le timonier à la barre maintenait le navire sur la route indiquée.

Le passager ou le matelot qui depuis le début de la traversée semblait une statue assise près du patron, se leva alors sans bruit et s'approchant du patron lui dit à l'oreille en anglais :

— Cinq mille livres sterling?

— Vous êtes l'agent? se borna à demander le patron.

— Lui-même, répondit l'inconnu en lui tendant le papier :

Charles le prit et, à la lueur d'un falot, lut en bon anglais :

« Payez au porteur, à présentation, la somme de *cinq mille livres* que j'ai déposées dans cette maison.

» Fait à..... *Signé*, XX. »

Le patron rangea soigneusement le chéque dans son portefeuille, et reprit son poste de veilleur.

— A quelle hauteur sommes-nous? demanda l'inconnu.

— A vingt mille environ de Baracoa (1).

---

(1) *Baracoa.* Port sur la côte septentrionale de Cuba. Première terre sur laquelle aborda, dit-on, Christophe Colomb.

— Croyez-vous que nous rencontrerons quelque croiseur?

— Il faudrait pour cela nous approcher beaucoup de la côte cubaine.

— Approchons-nous en donc. Je vous garantis qu'il ne vous sera pas causé le moindre dommage; je suis agent du gouvernement espagnol. Si nous rencontrons un croiseur, je me jetterai dans un canot pour prévenir le commandant et faire mettre une chaloupe à vapeur à la poursuite de votre goëlette.

— Et si les membres de l'expédition découvrent le danger?

— Ne craignez rien; laissez-moi à trois milles de terre, et continuez votre route.

— L'aventure est périlleuse, dit Charles, mais enfin il sera fait comme vous le désirez.

Après cette conversation tenue à voix basse, si basse qu'elle était étouffée par le bruit des flots, l'inconnu retourna à son coin, tandis que le patron s'approchait du timonier :

— Va te coucher, dit-il, je me charge de la barre.

Le timonier ne se fit pas prier. Il était environ deux heures du matin.

Quelques instants après un des membres de l'expédition, en se réveillant, jeta un coup d'œil à tribord, et eut de la peine à retenir un cri de surprise. Il réveilla aussitôt son voisin le plus proche et lui montra l'horizon.

Une multitude de lumières en forme de fer à cheval indiquait l'approche d'un grand port de l'île vers lequel la goëlette se dirigeait, vent en poupe, de toute la vitesse de ses voiles déployées.

— Trahison! trahison! crièrent alors les patriotes en se précipitant pour réveiller le général Maceo.

XI

Vive Cuba libre !

Maceo, à peine réveillé, se précipita sur le pont le revolver au poing. Malgré son courage et sa témérité, un tressaillement agitait son corps d'athlète. Les patriotes étaient trahis de la façon la plus vile et la plus misérable par celui-là même auquel ils venaient de donner cinq mille piastres or.

— Réveillez nos amis, ordonna Maceo à voix basse; puis il se dirigea vers le patron.

Celui-ci dormait ou faisait semblant de dormir à la poupe, étendu sur la barre du timon, se laissant bercer par le mouvement des flots.

— Holà ! patron, qu'y a-t-il ? lui cria Maceo en le secouant par les épaules.

Le patron se réveillant ou simulant un brusque réveil s'écria :

— *By Good* (1) ! Je suis ivre, général, et il mit la barre à babord toute. La goëlette vira de bord et s'enfonça dans les eaux obscures du canal.

— Savez-vous bien, patron, que le premier venu aurait le droit de penser que vous avez cherché à nous livrer à l'ennemi, lui dit Maceo tranquillement.

— Oh ! général, ce n'est pas de ma faute. Vous m'avez témoigné le désir de débarquer ce matin au petit jour. Ma goëlette est légère..... mais je réponds de tout.

Puis il appela :

— Mac Kensie !

---

(1) *By Good !* Juron américain équivalent au juron populaire « Bon Dieu ! »

Un matelot se présenta.

— Prends la barre et maintiens la droite.

Il ordonna ensuite de serrer les focs et de prendre quelques ris. La goëlette modéra son allure à la satisfaction des patriotes cubains, qui ne comprenaient pas que cette manœuvre avait pour but de donner le temps à un croiseur espagnol de prendre en chasse leur navire.

Déjà l'inconnu, qui avait quitté la goëlette dans un canot peu de temps avant l'alerte, devait avoir atteint le port.

Le patron s'approcha alors de Maceo, qui se promenait à tribord avec Crombet et Agramonte, et lui dit en anglais :

— Général, il est trois heures : au petit jour nous pourrons débarquer vos hommes.

— C'est ce que je veux, patron ; mais je tiens à débarquer sur un point inhabité de la côte. Avez-vous votre carte?

— Je vais la chercher, répondit le patron en s'éloignant.

A ce moment un des patriotes, Tomaso, s'approcha de Maceo et lui dit :

— Un mot, général..... On a lancé le canot à la mer, et les cordages pendent encore le long du bord de la goëlette.

— Silence, dit Maceo, surveillez les matelots, je me charge du patron..... Ah! vous apportez la carte, ajouta-t-il en voyant Charles revenir : allons l'examiner dans votre cabine.

Tous deux entrèrent alors dans l'étroit réduit, et tandis que Maceo allumait un falot, le patron serrait son veston, des poches duquel tomba un papier que Maceo ramassa soigneusement avant que l'on ait pu s'en apercevoir.

On décida de débarquer à l'embouchure de la rivière Toa. Le patron étant monté sur le pont, Maceo examina le papier qu'il avait ramassé, et qui n'était autre que le chèque de cinq mille livres remis à Charles par l'agent espagnol pour prix de sa trahison.

Maceo rejoignit aussitôt ses compagnons, leur donna ses instructions secrètes, et tous furent bientôt prêts à toute éventualité.

Maceo s'approcha alors de Charles et lui dit :

— Un homme, un matelot peut-être, a quitté le navire.....

— Jésus-Christ! s'écria le patron. Mais de quel côté?

— Par ici, répondit le général en lui montrant les bouts de cordage qui pendaient du bord.

— C'est un voleur, clama Charles. Il m'a volé mon canot! Mais peu importe..... Je réponds de tout..... Nous débarquerons au petit jour.

— C'est ce que je veux, dit Maceo.

Une heure plus tard les patriotes furent surpris d'apercevoir à l'horizon, se dirigeant vers la goélette, un vapeur à la cheminée blanche, un croiseur espagnol, qui s'approchait à toute vitesse.

Maceo ordonna au patron de mettre le cap sur la terre : vingt minutes après les patriotes abordaient la côte cubaine, et débarquaient sur la plage de Duaba, près de l'embouchure de la rivière Toa.

— Vive Cuba libre! crièrent les patriotes en touchant le sol de la patrie qu'ils allaient sauver.

XII

Comment se paie une Trahison

Le général Maceo demeura à bord de la goëlette jusqu'au complet débarquement de ses hommes et des munitions.

Quand le patron s'approcha de lui et lui dit que tout était à terre, Maceo lui répondit avec malice et douceur :

— Il manque encore quelque chose, patron.

— Oh ! je ne crois pas, général.....

— Oui, il manque les cinq mille piastres que je vous ai données avant-hier, et que vous allez me rendre contre ce reçu de cinq mille livres.

Le patron se troubla, puis jeta un cri :

— Oh ! général, vous m'avez volé !

Et il voulut se précipiter sur le chèque que Maceo tenait à la main.

Deux patriotes qui étaient revenus à bord saisirent le patron par les bras, tandis que les autres couchaient en joue les marins anglais.

Charles, fouillé par un Cubain, se vit enlever les cinq mille piastres, qu'il avait reçues pour prix de sa fidélité et que sa trahison lui faisait perdre. Il fut ensuite attaché au grand mât de la goëlette.

Maceo ordonna de partager mille deux cents piastres entre les matelots, qui n'étaient pas responsables de cette trahison, et il remit le restant des cinq mille piastres au chef de l'expédition en lui disant :

— Cet homme doit mourir. Demeurez sur la plage avec la moitié de nos hommes pour garder les munitions que je ne puis emporter ; je vais rejoindre ceux qui nous attendent. Coule la goëlette, Crombet; emmène les matelots avec toi ou laisse-les où tu voudras.

Puis il cria :

— Cubains ! Nous sommes sur notre terre chérie ! Il nous faut vaincre ou mourir ! Vive Cuba libre et indépendant !

— *Viva!* répondirent tous les patriotes : et Maceo, suivi d'une vingtaine d'hommes bien armés et chargés de munitions, de médicaments et de vivres, s'éloigna de la plage, se dirigeant vers le sud-est, où apparaissait dans la splendeur de l'aurore, la ligne verte, sombre encore, des montagnes orientales.

XIII

Le Premier Combat

Flor Crombet resta sur la plage avec huit hommes et les quatre marins de l'*Honor*, gardant le matériel de guerre et les bagages de l'équipage. Le patron était toujours attaché au grand mât, se vouant à tous les démons de l'Enfer, maudissant Maceo, les Cubains, le ciel et la terre.

A ce moment (le soleil perçait l'horizon), un boulet traversa les airs avec un sifflement sinistre et vint éclater à peu de mètres de la goëlette.

— Voilà l'ennemi, cria Flor Crombet. Vite, camarades, transportons ce que nous pourrons jusqu'à la montagne la plus proche, et défendons les munitions qui resteront.

Puis, s'adressant aux matelots :

— Vous autres, aidez-moi; votre vie est en jeu; je vais couler la goëlette.

Et sautant sur le pont avec deux hommes, tandis que les six autres et les quatre matelots transportaient les caisses jusqu'à la brousse qui longeait la rivière, Flor Crombet saisit un levier, et d'autres instruments de fer, et commença avec ses deux compagnons à ouvrir une voie d'eau dans le fond de la goëlette.

Le travail dura environ un quart d'heure. Trois ou quatre grenades, lancées du croiseur, vinrent éclater près du navire, l'une d'elle à si peu de distance que l'eau vint inonder la figure du patron, qui faisait d'inutiles efforts pour rompre ses liens.

Deux matelots, voyant que Crombet et ses compagnons ne reparaissaient pas, décidèrent de détacher le patron et de tuer les Cubains qui coulaient le navire.

Dans ce but ils sautèrent à bord et commencèrent à couper, avec leurs grands couteaux anglais, les cordes qui enveloppaient le capitaine du cou aux pieds.

La goëlette commençait à s'enfoncer. Les Cubains parurent sur le pont, en sueur et fatigués, et ils comprirent immédiatement ce qui se passsait en voyant le patron, aidé par ses deux matelots, se débarrasser de ses dernières entraves.

Trois coups de feu retentirent presque simultanément. Les deux matelots tombèrent mortellement blessés. Le patron, atteint à l'épaule par la balle du revolver de Crombet, sauta sur les rochers, mais si malheureusement, qu'il rebondit, retomba sur la tête et perdit connaissance, rendant des flots de sang par le nez et par la bouche. En toute hâte les Cubains regagnèrent la terre.

La goëlette s'enfonçait de plus en plus : le croiseur s'avançait rapidement sur la ligne de l'horizon illuminé par l'aurore.

A la fin, la goëlette disparut sous les flots, laissant à peine voir la partie de la poupe sur laquelle était écrit le nom du bateau.

— Mort! s'écria un Cubain, après avoir examiné le corps du patron.

— Aux montagnes! ordonna le chef en voyant le croiseur s'approcher à toute vitesse en continuant à envoyer ses projectiles sur le point où l'on apercevait les patriotes.

— Préparons-nous pour la défense, ajouta-t-il en voyant qu'il restait encore des caisses de munitions, et après s'être assuré que leurs autres compagnons allaient atteindre la ligne de montagnes.

Il tira ensuite un sifflet en s'en servit pour

rappeler ceux qui étaient encore occupés à transporter les caisses jusqu'à la brousse.

Bientôt, patriotes et matelots de l'*Honor* se trouvèrent réunis autour de Crombet, qui les harangua en ces termes :

— Il faut nous défendre et défendre aussi les munitions qui sont pour nos frères. Brûlons jusqu'à notre dernière cartouche avant de les laisser tomber aux mains de l'ennemi qui sera sur nous dans quelques instants. Aussitôt que les Espagnols seront à portée de nos fusils, nous ouvrirons le feu, et nos amis, qui viennent à la rencontre de Maceo, voleront à notre secours. A la dernière extrémité nous jetterons à la rivière les caisses de fusils et les munitions. Il sera temps plus tard de les retirer. A cette heure, préparons-nous à lutter en désespérés pour la liberté et pour l'indépendance de notre malheureuse patrie.

Comme si les paroles de Crombet avaient été entendues par les Espagnols, deux obus vinrent éclater sur les rochers si près du cadavre du patron, qu'un éclat de mitraille s'enfonça dans son corps.

— Approchons-nous de la rivière, ordonna le chef, et transportons les caisses le plus près possible des montagnes.

Ainsi fut fait, et bientôt, aux lueurs du soleil levant, les patriotes purent distinguer l'avant du croiseur qui s'avançait rapidement sur les flots, envoyant, sans discontinuer, ses projectiles explosifs sur la côte cubaine.

Quelques instants après le croiseur mettait à la mer deux chaloupes, dans lesquelles prenaient place une compagnie de débarquement.

Le croiseur était l'*Indien*, qui jetait rapidement à terre ses fusiliers, appuyant cette manœuvre des efforts de son artillerie.

A la tête des Espagnols marchait un homme armé d'un fusil et brandissant un sabre, mais qui était vêtu comme un paysan. Cet homme se précipita en avant en criant :

— Chargez ! ils sont ici, ils vont atteindre la montagne..... Vive l'Espagne ! Vive le roi !

Cet homme était le misérable qui avait quitté l'*Honor* en pleine mer pour porter à Baracoa la nouvelle du débarquement prochain de Maceo.

Un rude combat s'engagea alors.

Les patriotes avaient déjà réussi à jeter à la rivière la plus grande partie des munitions lorsqu'ils aperçurent, à quarante pas en avant de la troupe espagnole, le traître qui les avait dénoncés. Quatre fusils le visèrent en même temps et il tomba la poitrine traversée. Il s'en fut aux enfers tenir compagnie à Charles, le patron de l'*Honor*, son complice en trahison.

Les Cubains battirent en retraite vers la montagne, sans cesser de faire feu, poursuivis par les Espagnols qui, sentant fort bien leur supériorité numérique, comprenaient que les patriotes avant d'atteindre la montagne auraient épuisé leurs munitions et seraient obligés de se rendre.

Flor Crombet, qui suivait la même route que Maceo avait prise, espérait que le général n'était pas encore très loin et qu'en entendant la fusillade il reviendrait sur ses pas au secours de ses frères, dont la situation était désespérée. C'est ce qui serait arrivé si Crombet avait pu résister une demi-heure de plus, mais ce fut impossible; lorsque les dernières cartouches furent sur le point d'être tirées, il donna l'ordre de gagner la montagne, en tirant encore isolément; mais au même moment il tombait mortellement blessé.

En voyant la retraite précipitée des Cubains, les Espagnols s'élancèrent sur leurs traces, les atteignirent rapidement et les obligèrent à se rendre. Les prisonniers, parmi lesquels se trouvaient Mac-Kensie et Ramsden, et cinq blessés, furent transportés à bord du croiseur, qui se dirigea vers Manzanillo où, après avoir été traduits devant un tribunal militaire, ils furent conduits au Morro de Santiago de Cuba sur l'ordre du général Martinez Campos.

Flor Crombet et trois patriotes étaient tombés glorieusement pendant ce combat.

XIV

Influence de Maceo avant son Débarquement à Cuba

Quelqu'eût été le prestige du grand José Marti, l'infatigable préparateur de la grande révolution cubaine, ses progrès eussent été insignifiants s'il n'avait pas été secondé par Antonio Maceo.

Marti était la tête qui préparait le soulèvement des villes, mais les hommes de guerre connaissant dans ses moindres replis le territoire sur lequel devaient se mouvoir plus tard les forces révolutionnaires, étaient la tête qui combinait les plans de bataille, et aussi les bras qui les exécutaient.

C'est pour cela que jamais Marti ne put surpasser Maceo; et tous les Cubains en le voyant prendre la direction du mouvement du 24 février, comprirent que Maceo était le plus grand et le plus apte à les conduire à la victoire.

Beaucoup de Cubains hésitèrent d'abord à faire acte d'adhésion à la Révolution, les uns par crainte, les autres par méfiance, d'autres encore parce qu'ils ne pouvaient croire au succès.

Il faut dire que la surveillance exercée par les Espagnols était des plus étroites et que, à chaque pas, les patriotes cubains trouvaient ou le képi d'un officier ou le vêtement rayé bleu et blanc d'un soldat, ou le visage terreux et hypocrite du guerrillero cubain espion, et traître à son pays.

La police poussait également son zèle à l'extrême. La sûreté, composée de gens sans cœur et sans aveu, haineux et méchants, agissait de même, excitée par l'appât d'un salaire plus élevé.

Pour toutes ces raisons beaucoup de Cubains avaient hésité à se lancer dans la mêlée.

Mais lorsqu'on apprit que Maceo avait débarqué à Baracoa, dans toute l'île, depuis le cap *Maisi*(1) jusqu'au cap *San-Antonio*(2), on ressentit comme une secousse électrique. Tous les cœurs patriotes débordèrent d'allégresse, tandis que la crainte envahissait l'âme des officiers et des soldats espagnols.

Seuls quelques bas officiers, hâbleurs et fanfarons, piliers de café et d'estaminet et coureurs de filles, buveurs de bière, de genièvre ou de marasquin, osèrent assurer dans leur forfanterie que bientôt le chef mulâtre serait en leur pouvoir.

Le nom du héros dont la présence sur la terre cubaine fit palpiter de joie la population de l'île, suffit à dissiper toutes les craintes, toutes les appréhensions, tous les doutes, et les plus timorés s'armèrent et se transformèrent rapidement en défenseurs de la patrie.

L'ORGANISATION

L'arrivée de Maceo changea du tout au tout la face de la Révolution. Après quelques jours de préparation, l'esprit d'organisation de Maceo se révéla, et en moins de quinze jours les régiments, les bataillons, les compagnies furent constitués, formant le premier corps d'armée.

La formation du deuxième corps ne se fit pas longtemps attendre. Les volontaires arrivaient de tous côtés, en même temps que se poursuivait l'établissement de l'administration territoriale, dont Maceo s'occupa en nommant des

(1) Cap *Maisi*, extrémité orientale de l'île.
(2) Cap *San-Antonio*, extrémité occidentale de l'île.

préfets et des sous-préfets provisoires, en attendant la constitution du gouvernement de la République.

Il nommait en même temps des lieutenants gouverneurs et des trésoriers. Ces derniers obtinrent d'excellents résultats et recueillirent des sommes importantes qui furent envoyées au comité révolutionnaire de New-York pour l'achat d'armes et de munitions.

Non content de nommer ces agents, Maceo leur apprit de quelle façon ils devaient procéder pour imposer et percevoir les contributions de guerre.

Pendant cette première période Maceo rencontra l'ennemi dans différentes escarmouches, parmi lesquelles il convient de citer celles de *Burenes, Jubito, Ramon de las Yaguas* et la fameuse rencontre *del Sao del Indio* qui dura deux jours, et pendant laquelle l'armée libératrice fit pour la première fois usage de dynamite. Les forces espagnoles se réfugièrent à Guantanamo, Maceo les poursuivit jusqu'aux portes de cette ville, détruisant complètement leur arrière-garde.

Lorsque les Espagnols furent en sûreté, Maceo et ses soldats purent entendre les accords de la musique espagnole qui jouait un hymne de victoire !!!

Et la victoire appartenait au général Maceo!

XV

Peralejo (*)

Nous avons déjà dit que cet ouvrage n'avait pas la prétention de constituer une histoire de la guerre de Cuba, mais n'était que le simple portrait d'une des plus illustres figures cubaines, du général Antonio Maceo, le héros immortel, objet de respect pour les Espagnols eux-mêmes qui jamais ne contestèrent les mérites et la valeur de l'intrépide champion de l'Orient.

Mais bien que ce ne soit pas un récit documenté des deux guerres de l'indépendance, le lecteur pourra se rendra compte des événements qui se succédèrent depuis le cri de Baïre, jusqu'à la complète évacuation de l'île par les troupes espagnoles, vaincues par l'armée cubaine, unie à l'armée américaine.

(J'ouvre ici une parenthèse pour rectifier une erreur du général cubain Y, avec qui j'ai eu souvent d'amicales discussions à ce sujet. Non, l'armée espagnole ne fut pas vaincue par l'armée américaine : le soldat américain est loin d'égaler le soldat espagnol dont le courage et l'endurance ne peuvent être contestées, et l'armée américaine, si elle s'était trouvée seule en présence des Espagnols, eût vite été rejetée à la mer; c'est grâce aux insurgés, aidés par le sort, par la famine qui terrassait les troupes par suite du blocus, c'est grâce à

(*) *Peralejo*, village auprès duquel se livra la plus grande bataille, la seule bataille rangée de toute la guerre, qui mit en présence les deux chefs ennemis, Maceo et Martinez Campos.

un enchaînement terrible de circonstances, c'est aussi par la trahison de certains généraux espagnols, que l'armée de la Péninsule fut vaincue. Cubains et Espagnols étaient des lions au feu, des soldats qui savaient se battre; l'armée américaine ne comprenait qu'un ramassis d'aventuriers, ne se battant que pour l'argent et incapables de triompher seuls d'une race aussi forte que la race latine.)

Après plusieurs engagements avec les troupes ennemies qui le poursuivaient, Maceo opéra sa jonction avec les forces de Jesus Rabi, de Reitor, d'Amador Gurra, de J. M. Capote et avec les guerillas isolées des environs du Cobre, et il prit le commandement supérieur de cette armée.

Fidel Santocildes, général espagnol, qui venait d'être nommé commandant militaire de Manzanillo, s'était rencontré plusieurs fois avec les forces insurgées.

Ce général avait assumé, avant l'arrivée de Martinez Campos et des renforts qu'il amenait, une terrible responsabilité. Il avait conduit des convois à Bayamo, formé des guerillas de Cubains dénaturés et traîtres à leur pays, et dirigé toute la campagne dans cette zône occupée, ce qui est tout dire, par les insurgés de l'Orient. Tous ces services lui avaient valu le grade de général de brigade.

A son arrivée à Manzanillo, Santocildes apprit qu'une importante concentration de Cubains s'opérait à Valenzuela, zône de Bayamo. On ignorait les motifs et le but de cette opération.

A cette nouvelle et sur l'ordre du général Lachambre (d'origine française), Santocildes se rendit à Veguetas avec l'idée d'organiser, avec toutes les forces espagnoles disponibles, une forte colonne, d'attaquer les Cubains dans les montagnes et de surprendre un de leurs campements les plus importants situé au pied de la *Loma Pelada*.

Santocildes quitta Manzanillo le 11 juillet 1895, au petit jour, à la tête des deux premiers bataillons du régiment d'Isabelle La Catholique; les deux autres bataillons de ce régiment avaient été embarqués sur la canonnière *Cuba-Espagnole* et sur le vapeur *Faust* et dirigés sur Campechuela, village des environs de Manzanillo que l'on disait assiégé par les insurgés.

Le même jour, mais à 10 heures du soir, le général Martinez Campos arrivait à Manzanillo à bord du vapeur *Villaverde*.

Personne ne connut son arrivée, et du bord même du *Villaverde* il envoya chercher le général Lachambre pour lui donner ses instructions.

Le 12, à 4 heures du matin, sans dire où il se rendait, il sortit avec deux cents hommes, et la guerilla de *Lolo Benites*, donnant l'ordre au général Lachambre, qui voulait l'accompagner à toute force, de ne pas quitter Manzanillo.

En arrivant au village du *Cano*, deux habitants de Manzanillo, deux traîtres, — un nommé Solis, d'après ce que nous a raconté un rédacteur du *Diario de la Marina*, de La Havane, et un sieur Ramirez, ancien combattant cubain de la guerre de 1868, protégé de Martinez Campos depuis le pacte de Zaujon, devenu l'ennemi de ses frères, — voulurent aussi accompagner Martinez Campos avec les soldats de son escorte; mais il leur défendit de le suivre.

Cette défense venait de la répugnance qu'éprouvait Martinez Campos pour la servilité et la trahison de ses hommes qui, nés à Cuba, faisaient cause commune avec les ennemis de leur patrie.

Les deux misérables sachant que Santocildes n'était pas loin, résolurent de l'informer de la présence du général en chef et de son projet téméraire de s'aventurer sans but défini, dans un pays sillonné par les forces cubaines.

Solis et Ramirez rencontrèrent le brigadier à une lieue d'*El Cano*, le mirent au courant de ce qui se passait, et Santocildes, revenant sur ses pas, rencontra le général en chef, avec lequel il entra à 4 heures de l'après-midi à Veguitas.

Ils grossirent leurs troupes d'une colonne de deux cents hommes commandés par le colonel San Martin, des forces du deuxième bataillon d'Isabelle La Catholique, sous les ordres du lieutenant-colonel Escario. Le général Lachambre avait enjoint à ces deux officiers de quitter la route de Campechuela pour aller à la rencontre de Martinez Campos à Veguitas.

Différents paysans du village apprirent au général en chef que de nombreux détachements formant un total de cinq mille hommes environ, composés en grande partie de gens de couleur, occupaient le chemin de Bayamo, ayant à leur tête les principaux chefs insurgés sous le commandement de Maceo.

Malgré cela Martinez Campos persista dans sa résolution de se rendre à Bayamo et, le 13, à 4 heures du matin, il partit de Veguitas avec cinq cents hommes seulement. Cette escorte était commandée par le lieutenant-colonel Vaquero.

Le général Santocildes, avec les mille ou quinze cents hommes qu'il commandait et qui étaient réunis à Veguitas, devait commencer les opérations sur Valenzuela, où, disait-on, se faisait la concentration des insurgés.

Martinez Campos ne voulant pas laisser croire à l'ennemi qu'il avait peur, n'attendit pas les renforts d'infanterie et d'artillerie que devait lui envoyer Lachambre et se mit en route. Une demi-heure après sa sortie, le brigadier Santocildes quittait Veguitas, à son tour, pour couvrir son arrière-garde.

Le général en chef lui renouvela l'ordre de rentrer à Veguitas, en lui disant de n'accourir que s'il entendait une fusillade prolongée.

Les deux officiers se séparèrent au rio *Buey*.

A 10 heures du matin, au moment où la troupe faisait halte pour prendre le premier repas, on aperçut plusieurs patrouilles de cavalerie cubaine qui ne répondirent pas aux décharges des Espagnols. C'étaient probablement des éclaireurs chargés de renseigner Maceo sur le nombre, la valeur et la direction de Martinez Campos qui, de son côté, obtenait d'un paysan qui venait de Bayamo des détails très précis sur les troupes insurgées.

Sans s'alarmer le moins du monde, Martinez Campos prit la résolution de changer de route, et envoya une patrouille de guerilleros dire à Santocildes de lui envoyer les guerillas montées.

Santocildes qui connaissait le terrain et la façon de combattre des *mambises* (1) repassa aussitôt le rio Buey, avec toutes ses troupes, et arriva sur le chemin de Bayamo.

A quelques distances des hauteurs de Peralejo, vers midi, retentit le « qui-vive » des sentinelles cubaines et la fusillade s'engagea aussitôt sur toute la ligne.

Les troupes espagnoles se formèrent rapidement en colonne de combat, ayant au centre les bagages, l'état-major et le général en chef, tandis que Santocildes, sans se déconcerter, continuait sa marche sur le chemin de Bayamo.

Des nuées de Cubains surgissaient de tous les replis du terrain, et les ennemis ne furent

(1) *Mambises*, nom que l'on donnait aux patriotes insurgés qui vivaient dans les bois.

bientôt plus séparés que par une vingtaine de mètres.

On dit que, en voyant cette façon de combattre, si courageuse, si impétueuse, Martinez Campos s'écria :

— Maceo est ici !

Effectivement il y était, et peu de minutes après, arriva comme un tourbillon, la cavalerie cubaine qui rompit les rangs des Espagnols.

Les charges au *machete* étaient furieuses et répétées, et on peut affirmer que seule la force morale que donnait aux Espagnols la présence de Martinez Campos, empêcha la débandade.

On peut également affirmer que les Cubains ignoraient la présence du général en chef, sans cela ils eussent redoublé d'efforts pour le faire prisonnier.

On ne saurait nier le courage et l'intrépidité du soldat espagnol. Maceo lui-même paraissait préoccupé de la résistance désespérée que les ennemis opposaient aux charges au *machete* de ses escadrons.

Le général Santocildes commandait le carré, pendant que Lolo Bénites, non sans avoir perdu les trois quarts de son effectif, courait à Veguitas chercher des munitions et des renforts.

Santocildes atteignit un sentier entre deux collines, et la lutte désespérée se continua pendant cinq heures. Les Espagnols, ayant presque épuisé toutes leurs cartouches, durent abattre leurs mules pour former une sorte de rempart.

En voyant que le feu des ennemis diminuait d'intensité, Maceo comprit qu'ils n'avaient plus de munitions, et il lança alors son traditionnel cri de guerre :

— Au machete ! camarades; maintenant ils sont à nous !

Et les charges au *machete* se répétèrent furieuses, accueillies par les décharges des Espagnols qui luttaient en désespérés. Grâce à la confusion et à la violence même du combat, Martinez Campos put se retirer précipitamment, protégé par le feu ininterrompu de la colonne Santocildes.

Santocildes, au premier rang, dirigeait la résistance, lorsque tout à coup, au moment où il ordonnait la retraite, on le vit se renverser sur son cheval, la poitrine traversée par une balle. Les troupes espagnoles cessèrent aussitôt le feu et reprirent en hâte le chemin de Veguitas.

Telle fut la journée de Peralejo, une des plus glorieuses pour l'armée révolutionnaire et pour Maceo qui la commandait. Peralejo coûta la vie à l'un des plus intrépides généraux espagnols, et si Martinez Campos ne périt pas lui aussi, ce fut parce que les Cubains, comme nous l'avons déjà dit, ignoraient sa présence.

XVI

Campagne en Orient

Après la bataille de Peralejo, le général Maceo profita des avantages que lui donnait cette victoire pour mieux organiser encore son armée.

La nouvelle d'un grand combat dans lequel les troupes espagnoles, commandées par Martinez Campos, avaient été complètement battues, se répandit vite dans l'île entière, et si quelques-uns purent en douter, le doute fut vite dissipé par un télégramme dans lequel Martinez Campos annonçait lui-même, avec franchise et loyauté, au gouvernement de Madrid, la défaite qu'il venait de subir.

La victoire de Maceo eut une importance capitale, et donna un éclatant prestige et une grande force à la Révolution, parce que, non-seulement elle releva le moral de certains Cubains apeurés et hésitants, et qu'elle encouragea les autres, mais aussi parce qu'elle jeta la panique dans l'armée espagnole, qui redoutait déjà le héros de l'Orient et qui en arriva à concevoir pour Maceo une sorte de terreur admirative.

Antonio Maceo, homme prudent et perspicace, profita donc de la victoire pour parcourir le département, visitant les campements de toutes les troupes, veillant à leur bonne organisation et s'occupant déjà de préparer de nouveaux succès.

Maceo avait déjà visité auparavant les zones de Holguin et de Gibara, lorsqu'il avait détruit la ligne ferrée et les ponts du chemin de fer, massacrant une grande partie de la garnison d'Aguas Claras qui gardait la voie; il avait également enlevé le village de Guabajaney, près de Gibara, au pied de l'ingénio Sanchez appelé *Central Santa Lucia*. Il avait déjà visité toutes ces régions et il voulut cependant les parcourir de nouveau.

C'est ce qu'il fit : Après le combat de Péralejo il passa devant Bayamo où se trouvait déjà Martinez Campos. Il forma sa cavalerie devant le fort *Espana* et fit défiler son infanterie en suivant les bords du rio Cautillo, se dirigeant vers la partie orientale d'Holguin.

Il avait, au préalable, envoyé des patrouilles chargées de remettre aux différents chefs des premier et deuxième corps d'armée des instructions leur enjoignant de se réunir à Baguano, dans la zone d'Holguin.

Il estimait que les forces concentrées sur ce point seraient alors suffisantes pour entreprendre de nouvelles opérations et assurer un triomphe plus éclatant encore que celui de Péralejo.

Deux jours après son arrivée à Baguano, et avant que les troupes fussent réunies, Maceo se sentit légèrement indisposé. Mais homme robuste et d'un tempérament à toute épreuve, il ne fit aucun cas de cette indisposition : cependant à l'heure du repas, la fièvre le prit et il dut s'aliter.

Le lendemain le malaise s'était accru et, vers neuf heures et demie, la fièvre avait pris toute sa force : le thermomètre marquait quarante degrés !

La nouvelle se répandit promptement dans le camp, et le Dr Lopez, appelé en toute hâte, commença à administrer au malade les remèdes les plus énergiques.

La case que Maceo habitait étant trop petite, on décida de le transporter dans la casa vivienda d'une petite sucrerie située à Camasan, près de Baguano.

XVII

La Maladie de Maceo

Après deux heures d'une marche pénible, Maceo arriva à Camasan, grelottant la fièvre, et fut couché sur un lit de camp. Le Dr Lopez lui administra une dose de quinine sans arriver à faire baisser la température.

La maladie de Maceo ne fut au début, cela est certain, qu'une légère indigestion, généralement accompagnée de fièvre, surtout dans la campagne où pullulent les foyers de paludisme. Il aurait suffi pour le guérir d'un simple purgatif, qui aurait, en même temps que la quinine, évité ou atténué tout au moins l'accès de fièvre paludéenne.

Mais le Dr Lopez, qui avait fait ses études dans l'Amérique du Sud, n'était pas partisan du système généralement employé, et il n'attacha d'abord aucune importance à la maladie, qu'il commença à traiter par des tisanes, confiant qu'il était dans la robuste nature de Maceo.

Maceo n'appréciait pas la méthode du Dr Lopez, et prenait les tisanes avec répugnance.

Au bout de quelques jours la maladie prit des proportions inquiétantes : des complications se produisirent qui mirent en péril la vie du général sur lequel reposaient les espérances de la patrie cubaine.

Sur ces entrefaites arrivèrent les détachements convoqués par Maceo. Le détachement de Cambute était accompagné du Dr Guillermo-Fernandez Mascaro, jeune portoricain qui venait d'achéver ses études à l'Université de La Havane.

On le conduisit aussitôt au chevet de Maceo, qui s'était rendu compte de la gravité de son état et qui n'espérait son salut que de la science du jeune médecin.

Fernandez Mascaro, qui avait avec lui une pharmacie de campagne fort bien garnie, se chargea du malade et commença, sans perdre un instant, à traiter énergiquement la maladie.

Pendant les cinq premiers jours il n'y eut pas de changement notable dans l'état de Maceo. Sa maladie était une fièvre infectieuse.

Dans le camp et dans les environs les conversations allaient leur train sur le terrible mal dont le chef était atteint, et les infirmières avaient offert leurs services pour soigner le général. Chacune diagnostiquait une maladie différente, et pour toutes, le médecin, était pour le moins un ignorant qui ne connaissait rien à l'indisposition de Maceo, et qui le laisserait mourir si l'on n'y prenait garde.

Le Dr Fernandez Mascaro avait à soutenir une lutte continuelle avec tous ces esprits simples : il était insulté par les infirmières qui ne lui pardonnaient pas de s'opposer à toute médication autre que celle qu'il avait ordonnée. Il n'en continuait pas moins à remplir son devoir avec une énergie indomptable, sourd aux injures, aux menaces, aux avanies de toutes sortes que lui prodiguaient les patriotes auxquels la maladie de Maceo faisait perdre la raison.

Bientôt ses efforts furent couronnés de succès : la fièvre disparut, et le dixième jour tout péril fut conjuré. Maceo était hors de danger.

Le général put quitter le lit le quinzième jour, et il fallut toute la volonté du médecin pour l'empêcher de se remettre aussitôt en campagne. Mascaro craignait, en effet, une rechute qui eût été beaucoup plus grave que la maladie.

La convalescence fut rapide; et la guérison

complète fut fêtée par des réjouissances populaires organisées par les patriotes.

Cette maladie de Maceo fut la seule dont il souffrit pendant toute la durée de la guerre.

A peine rétabli, Maceo quitta le camp de Camasan, accompagné de toutes les forces dont il disposait; mais n'étant pas encore capable de monter à cheval, il se fit porter tantôt sur un brancard, tantôt dans une balancine.

Il arriva avec plus de huit cents hommes à San-Juan-de-las-Puercas, et se logea dans la maison du Préfet Mastrapa, maison merveilleusement située au milieu d'un fort joli cafetal.

Il y avait à peine deux jours que Maceo se reposait à San-Juan lorsqu'on vint lui annoncer l'approche de l'ennemi. On eut toutes les peines du monde à décider Maceo à abandonner le projet qu'il avait formé de diriger lui-même les opérations : il finit cependant par céder le commandement à un de ses lieutenants.

Quelques heures après les avant-postes cubains prirent contact avec les troupes espagnoles à une lieue et demie environ du campement. Après avoir échangé quelques coups de feu, les avant-postes se replièrent sur le gros des forces révolutionnaires d'Holguin, commandées par le général Luis Feria.

La cavalerie cubaine, sous les ordres du colonel Miro Argenta, couvrait la gauche des troupes, de façon à couper la retraite aux Espagnols, qui poursuivirent les avant-postes jusqu'au moment où ils se trouvèrent en face du gros des troupes insurgées. Après quelques minutes de répit, l'action s'engagea sur toute la ligne.

L'armée orientale d'Holguin n'avait jamais subi de choc comme celui qu'elle supporta ce jour-là, mais elle fit des prodiges de valeur.

Le général Ramon Echagüe commandait la colonne espagnole. Homme intrépide, il avait cependant l'habitude d'être prudent. Lorsqu'il vit que ses troupes étaient très éprouvées par le feu des Cubains, lorsqu'il eut appris que la cavalerie de Miro lui coupait la retraite, il comprit qu'il n'était pas en forces pour lutter, et il changea de direction, en faisant preuve, hâtons-nous de le reconnaître, des qualités d'un chef intrépide et intelligent. Pendant le combat, qui fut rude, un officier cubain blessé, Cirilo Aranjo, fut fait prisonnier par les Espagnols. Il fut soigné par le médecin de la colonne; puis le général Echagüe lui rendit la liberté.

Aranjo, en arrivant au campement, raconta à Maceo les soins qu'il avait reçus de l'ennemi, et les égards dont il avait été l'objet, et qui faisaient le plus grand honneur à Echagüe et à ses soldats.

Maceo reprit le commandement des troupes le lendemain de cette rencontre et se dirigea vers Agua de Vijaru.

XVIII

Constitution du Premier Gouvernement

Le 1er octobre 1895, les Cubains campés à Agua de Vijaru reçurent la nouvelle de la constitution définitive du gouvernement de la République et de la nomination de Maximo Gomez comme général en chef et d'Antonio Maceo comme lieutenant général de l'armée révolutionnaire.

Cette nouvelle fut reçue par les Cubains avec un enthousiasme délirant. Généraux, officiers, soldats, tous se précipitèrent vers la tente de Maceo pour le féliciter. Le reste de la journée se passa en réjouissances, et le soir, après d'éloquents discours des principaux chefs, un grand bal champêtre fut organisé pour celébrer les premiers triomphes de la République cubaine et de la Liberté.

(J'ouvre ici une parenthèse pour déclarer que bien plus que Maximo Gomez, dont je ne veux en rien contester la bravoure et les mérites, Maceo méritait le titre de général en chef, qui lui revenait de droit, car il fut l'âme de la Révolution et le principal artisan de la liberté de Cuba. Pour nous, Français, nous devons admirer Maceo plus que tout autre et lui payer un juste tribut de reconnaissance pour la protection qu'il accorda à nos compatriotes, pour la bienveillance qu'il leur témoigna toujours, pour l'admiration émue qu'il avait vouée à notre pays. Hélas! nous ne pouvons pas en dire autant de certains autres qui traitèrent les Français avec la dernière rigueur, insultant même quelquefois nos couleurs nationales.)

Reprenons notre récit. Le 3 octobre au petit jour, l'armée cubaine se remit en marche, et arriva vers le soir à Cayo-Rey, où les troupes campèrent. Puis, après un jour de repos, l'armée atteignit Baragua et Cayo-Francés, où commencèrent les préparatifs de l'invasion.

XIX

L'Invasion.

Peralejo et quelques autres succès retentissants des armes cubaines inspirèrent aux chefs patriotes un plan d'invasion générale de l'île, en transportant le foyer de l'insurrection d'Orient en Occident.

Maceo comprenait fort bien que la Révolution ne serait jamais complète tant qu'une partie de l'île serait à l'abri de ses coups de main et demeurerait sous l'absolue domination des Espagnols.

Dès que le plan d'invasion fut arrêté, Antonio Maceo commença à l'exécuter en marchant avec toutes ses troupes ponr se joindre aux insurgés de Camaguey et de Las Villas.

Le soulèvement total de l'île s'effectua d'octobre à décembre 1895, et au mois de février 1896 les provinces occidentales de Matanzas, de la Havane et de Pinar del Rio étaient complètement envahies.

Nous allons décrire en quelques mots la marche de l'invasion qui attira sur Maceo l'attention des plus célèbres stratégistes du monde.

Le 13 octobre 1895 le gouvernement était arrivé à Canasta, zône de Mayari. La sous-préfecture de Canasta était située sur le bord du Rio-Cauto, faisant face au nord de l'île.

Le bâtiment de cette sous-préfecture était un rancho de dimensions ordinaires. Les membres du gouvernement y demeurèrent quelques temps, se transportant ensuite à la Savane de Hato del Medio, où existaient encore les manguiers historiques de Baragua, sous lesquels, à la fin de la guerre de 1868, Maceo protesta devant le général Martinez Campos contre le pacte de Zanjon que le héros cubain refusa toujours d'accepter.

Antonio Maceo, qui se trouvait à Cayo-Francès, rejoignit le gouvernement sur cette Savane.

Bientôt les troupes des 1er et 2e corps d'armée, commandés par José Maceo, Rabi, Cebreco, Quintin Bandera, Salcedo, José Manuel, Capote, etc., furent concentrées sur ce point. Au fur et à mesure que chaque détachement arrivait, il défilait devant le quartier général, et au milieu d'un enthousiasme indescriptible, les patriotes juraient sur le drapeau à l'étoile solitaire (1), de mourir pour l'indépendance de Cuba. Sept mille hommes environ se trouvaient à ce moment réunis sur la Savane.

Après la cérémonie du serment un banquet réunit tous les chefs; puis, le 22 octobre, toutes les troupes se mirent en marche pour se rendre à Jucaro, en passant par Cayo Francès; mais par suite d'une erreur des guides, une partie de la colonne fit la route d'une traite, tandis que l'autre, dont l'avant-garde était commandée par Quintin Bandera, prit la direction de Los Indios. Maceo faisait partie de cette colonne. Il avait à Los Indios, une maîtresse jeune et d'une rare beauté, ce qui ne l'empêcha pas d'être très contrarié de l'erreur : il adressa des reproches sévères aux guides, et retira à Quintin Bandera le commandement de l'avant-garde.

La colonne repartit de Los Indios à la nuit tombante, et reprit sa marche par des chemins

---

(1) Le drapeau cubain se compose de trois bandes blanches coupées par deux bandes bleu pâle. Au haut un triangle rouge sur le fond duquel se détache une étoile blanche.

détournés. Elle arriva à Jucaro à onze heures du soir. Jucaro est située également sur les bords du Rio Canto.

Le lendemain les troupes cubaines campaient à El Salto et entraient le surlendemain à Sabanilla de Contramaestre, où elles demeurèrent deux jours faisant les derniers préparatifs.

Puis, après deux jours de repos à la Vega de Pestan, en Holguin, les troupes se séparèrent, celles qui ne faisaient pas partie de la colonne d'invasion regagnant, avec les chefs Jose Maceo, Demetrio Castillo, Rabi et autres, leurs zônes respectives.

Le 28, la colonne arriva à Tranqueras; le 29 à Corral Nuevo, où son contingent se grossit du détachement de Jiguani, et le 30 elle campait à Mala Noche, où les patriotes prirent trois jours de repos.

Le 3 la colonne se remit en marche, arriva le 4 à Rio-Abajo, en Holguin, et le 5 à Las Arenas dans la juridiction de Victoria de las Tunas. Le 6, après une journée très pénible, les forces insurgées campaient à la Soledad.

Pendant cette marche, malgré les colonnes espagnoles qui suivaient l'armée cubaine, la prudence et la tactique de Maceo empêcha tout contact avec les ennemis.

Le 7, les Cubains arrivaient à Guaramanao; quelques heures après les avant-postes signalaient l'approche des Espagnols qui, au nombre de mille cinq cents environ, sous le commandement d'Echagué, commencèrent l'attaque. Echagué était harcelé depuis quelques jours par une petite colonne cubaine aux ordres de Capote, et cette colonne ne se laissait jamais surprendre ni même voir pas plus par l'avant-garde que par l'arrière-garde.

Le combat dura une demi-heure à Guaramanao; puis l'armée d'invasion, sur l'ordre de Maceo, reprit sa marche dans le plus grand ordre, laissant sur ses côtés l'ennemi arrêté par une guerilla de cavalerie de Guantamamo, composée de cinquante hommes environ.

Le soir, les Cubains arrivaient à El Lavado bientôt suivis des Espagnols. Maceo trouvant les positions plus avantageuses, et certain que si les Espagnols entraient dans le village il leur serait impossible d'en sortir sans perdre la moitié de leur effectif, Maceo, disons-nous, disposa ses troupes de façon à ne commencer la lutte que par une salve d'infanterie, à l'entrée; puis, à un appel de clairon, à faire charger, dans le village et à la sortie, toute sa cavalerie.

Le général Echaguë se rendit compte qu'il avait en face de lui un ennemi redoutable, et il comprit aussi que s'il entrait dans le village il était perdu; il se borna à attaquer une colonne volante avec laquelle il échangea des coups de feu pendant une heure environ; puis l'armée d'invasion se remit en marche jusqu'à Marco Lopez et traversa la vaste région de Camaguey sans tirer un seul coup de fusil. Elle parcourut, en effet, les points suivants : La Caridad, el Loreto, San Andrés, Consuegra, Jimaguayu (où fut signée la première Constitution cubaine), Las Guasinas de Machado, El Divorcio, la Ciega, Santo Tomas y Artemisa.

L'armée cubaine quitta ce dernier village le 29 novembre au petit jour et, se dirigeant vers le sud, traversa à Moron la redoutable *trocha* (1) de Jucaro.

Le même jour, Maximo Gomez et ses troupes

---

(1) *Trocha*, route stratégique allant de l'est à l'ouest et séparant l'île en deux.

opérèrent leur jonction avec Maceo, et l'armée reprit sa marche vers Las Villas et Matanzas pour lancer un défi aux autorités espagnoles, le jour de Noël, aux portes même de la Havane.

Quelques jours après, l'incendie révolutionnaire était allumé du cap Maisi à la pointe San Antonio.

XX

Le Carrefour de la « Trocha »

Nous allons raconter, en quelques mots, le passage de la *Trocha*, de Jucaro à Moron, car cette opération a dans l'histoire de la guerre une grande importance. Non-seulement elle fut pour Maceo l'occasion d'un nouveau triomphe, mais encore elle marqua le premier pas fait par l'armée d'invasion sur le territoire resté fidèle aux Espagnols et occupé par leurs troupes d'élite.

Le 28 novembre 1895, à six heures du soir, la colonne cubaine partit d'Artemisa, zône de Camaguëy. Il commençait à faire noir; le soleil avait disparu depuis quelques instants et la confuse clarté du crépuscule remplissait l'âme de mélancolie, presque de tristesse.

En avant, la « découverte » formée par un peloton de cavalerie; à une lieue, l'avant-garde; puis le gros de la colonne suivie à trois cents mètres de l'arrière-garde. Les troupes marchaient dans la direction du sud.

Maceo avait fait savoir à l'ennemi, par un faux espion, qu'il traverserait la *Trocha* par le nord de l'île, tandis qu'il voulait faire le contraire : c'est pour cela que dans ses marches il avait d'abord pris la direction du nord; mais en arrivant aux environs de la *Trocha* il avait brusquement changé de direction.

La nuit était presque complète, comme pour mieux protéger l'audacieuse entreprise de ces braves qui défendaient la liberté de leurs frères, et qui se disposaient à atteindre l'extrémité de l'île, en passant au milieu d'innombrables colonnes ennemies, sans redouter la mort, parce qu'ils avaient au cœur la foi la plus vive et le véritable amour de la Patrie. Ces sentiments engendraient chez ces héros un courage indomptable, augmenté encore par leur confiance aveugle en leur vaillant général, et par la conscience de leur propre valeur et de la terreur qu'ils inspiraient à l'ennemi.

Le chemin était bon, et la colonne marcha toute la nuit sans s'arrêter un seul instant. Vers cinq heures le jour parut : on pressa le pas et on atteignit bientôt la *trocha* tant redoutée. Il était exactement six heures et demie (le 29 novembre) lorsque Maceo se trouva au pied de la voie ferrée qui touche à la Trocha. Fièrement campé sur son cheval, l'héroïque mulâtre de l'Orient s'arrêta et demeura au milieu de la route jusqu'à ce que le dernier de ses hommes eut traversé le passage si périlleux en raison du voisinage des forts espagnols.

Le général José Maria Rodriguez, chef de la zône de Camaguey, chargé par Maceo de « flanquer » et de protéger la colonne, avait fait ouvrir le feu contre le fort le plus rapproché de l'endroit choisi pour franchir la Trocha. Les Espagnols devinèrent le mobile de cette attaque, mais il était trop tard. La colonne d'invasion avait atteint son but sans perdre un seul homme, grâce au talent militaire, à la prudence du lieutenant général.

Cette opération permit aux patriotes d'atteindre, après des succès répétés, le dernier village de la province de Pinar del Rio, Mantua, et elle mettait le pays entier à la merci de la Révolution.

XXI

Le Combat d'Iguara

Bien que nous ayons décrit la marche de l'invasion dans son aspect général, nous croyons utile de relater le combat d'Iguara qui fut le premier combat important qui marqua les opérations des envahisseurs.

Il y avait quatre jours que l'armée cubaine avait passé la *trocha* de Jucaro à Moron.

Campés depuis la veille au soir à Trilladeritas, province de Sancti-Spiritus, les patriotes reprirent leur marche le 3 décembre au petit jour. L'infanterie, sous les ordres de Quintin Bandera était partie depuis cinq heures dans une autre direction.

Après trois heures de marche et en arrivant à un épais fourré derrière lequel se trouvaient la rivière et le fort d'Iguara, les patriotes furent accueillis par une fusillade très nourrie.

En moins de cinq minutes, Maceo se rendit compte de la situation. N'ayant pas d'infanterie il disposa moitié de son escorte face au fort; puis il fit charger un escadron de cavalerie de Guantanamo, qui se précipita dans la *manigua*, le *machete* levé. C'était l'unique planche de salut, car sans cette manœuvre, presque toute la colonne et les membres du gouvernement, qui se trouvaient au centre, seraient tombés au pouvoir de l'ennemi.

La charge de la cavalerie cubaine fut si terrible que les Espagnols, qui venaient de faire une sortie, rentrèrent en désordre dans le fort, abandonnant sur le terrain un grand nombre de morts et de blessés, parmi lesquels deux soldats qui s'étaient cassé la jambe en sautant un fossé. Les Cubains firent prisonnier un espion, qui fut pendu aussitôt.

L'armée d'invasion perdit de son côté trente-neuf hommes, parmi lesquels le colonel Andrès Hernandez, commandant l'escorte de Maceo, et le jeune Herrera, de la Havane, qui tomba le premier dans cette charge désespérée.

Maceo fit relever ses morts et ses blessés et reprit sa marche vers la Campana, où furent enterrés les morts, et où les blessés reçurent les premiers soins.

Le lendemain l'armée arrivait à Ciego Potrero, où elle campa deux jours; puis elle reprit sa marche vers l'Occident. C'est à Ciego Potrero que les membres du gouvernement quittèrent l'armée, se dirigeant vers Las Villas, où ils demeurèrent quelques jours avant de reprendre le chemin de l'Orient.

Cette séparation laissera un souvenir ineffaçable dans la mémoire de ceux qui y assistèrent. Devant le drapeau à l'étoile solitaire, aux accents de l'hymne cubain, les soldats défilèrent devant les membres du gouvernement, acclamant la République cubaine et renouvelant le serment de vaincre ou de mourir pour la liberté et l'indépendance de la Patrie!

XXII

Les Espions espagnols

La marche de l'armée d'invasion s'effectuait tantôt en masse, tantôt en ordre dispersé, mais chaque corps à peu de distance des autres.

Les éclaireurs étaient toujours en éveil soit pour reconnaître le terrain par où devait passer l'armée le lendemain, soit pour recueillir les renseignements utiles, soit enfin pour arrêter tout individu suspect et s'assurer que ce n'était pas un espion espagnol.

Antonio Maceo attachait avec raison une très grande importance à ces reconnaissances, qu'il faisait accompagner par des guides fidèles et sûrs.

A cette époque les Espagnols faisaient tous leurs efforts, employaient tous les moyens dont ils pouvaient disposer pour barrer à toute force la route à l'armée d'invasion. Leurs colonnes devaient combiner leurs opérations suivant un plan tracé par l'état-major général, qui utilisait les renseignements de quelques Cubains traîtres et dénaturés, et ils transmettaient ces renseignements aux différentes colonnes par l'entremise d'espions, de paysans ou de guerilleros déguisés, ou même par l'entremise de femmes et d'enfants. Voilà comment opéraient les Espagnols.

Mais Maceo, grâce à sa tactique, n'avait pas de peine à déjouer les plans de l'ennemi. Il avait d'ailleurs un très grand avantage: il était très circonspect, se méfiait de tous et possédait une perspicacité peu commune.

Lorsque l'armée campait, avant d'indiquer la route pour le lendemain, il faisait appeler un à un tous les guides du pays : il les interrogeait sur la nature et l'état des chemins, sur les moindres détails, et une fois renseigné, après avoir condensé tous les rapports, il arrêtait l'ordre de marche du lendemain sans que les guides eux-mêmes connussent l'endroit où aurait lieu la prochaine halte.

Toutes ces précautions et le service d'exploration organisé par le général en chef donnèrent d'excellents résultats.

XXIII

La Mort du Héros

Lorsque le général Martinez Campos eut été relevé de son commandement, après sa défaite de Feralejo, et pendant le très court intérim du général Sabas Marin, Maceo fit dans la zône de Vuelto-Abajo de véritables prodiges de valeur et d'audace, confirmant sa réputation de général irréprochable et de stratégiste consommé. A Pinar del Rio il détruisit une à une les colonnes espagnoles, déjà démoralisées par les précédents échecs et fatiguées d'être harcelées sans cesse par d'invisibles ennemis.

A l'arrivée du sanguinaire Weyler, de ce bourreau dont le nom seul est un objet de mépris et d'horreur pour les nations civilisées, le général Arolas fut nommé au commandement supérieur des troupes qui opéraient dans cette province.

Il fit aussitôt fortifier la *Trocha*, de façon à isoler du reste de l'île les détachements cubains qui opéraient à Vuelto-Abajo.

Cette opération fit ressortir l'incapacité de certains généraux espagnols, qui étaient plus disposés à opposer aux insurgés des murailles de pierres que leurs propres poitrines.

Maceo, lui, donnait au contraire chaque jour des preuves nouvelles de son courage et de son talent militaire à Paso-Real, à Guacamayas et dans d'autres combats dans lesquels les pertes des Cubains furent insignifiantes, tandis que des centaines d'Espagnols tombaient à chaque rencontre.

Quintin Bandera fut le premier à montrer l'inutilité de la Trocha. Sous les yeux de Weyler et d'Arolas il franchit ce passage sans perdre un seul homme, et fut rejoindre les généraux Lacret et Alexandre Rodriguez qui opéraient au sud de La Havane. Quintin Bandera fit connaître à ces généraux le plan formé par Maceo pour traverser avec l'armée cette même Trocha.

Dans la nuit du 4 décembre 1896, Maceo fit une reconnaissance avec seize des officiers qui l'accompagnaient dans ses téméraires entreprises.

La colonne du commandant Cirujeda eut l'honneur insigne de soutenir le feu à Punta Brava avec Maceo, qui s'était retiré derrière un monticule pour diriger l'action.

Les dix-sept héros furent cernés et comme pris dans un cercle étroit. La fusillade éclata.

La décharge des Espagnols fut terrible. Maceo tomba traversé de part en part, au milieu de son état-major, dont presque tous les officiers furent tués ou gravement blessés.

A ses côtés fut blessé également le capitaine Francisco Gomez. Ce jeune homme ne voulant pas être pris vivant se brûla la cervelle et tomba sur le corps de son général.

Le bruit de la fusillade parvint au général Cirujeda qui se trouvait à Hoyo Colorado; cet officier supérieur accourut avec plus de cinq cents hommes et deux cents guerilleros sur le lieu du combat. A son arrivée le feu avait cessé. Les seize héros cubains étaient morts ou prisonniers, et les soldats espagnols les fouillaient pour s'emparer des papiers ou des plans dont ils pouvaient être porteurs.

Un des Espagnols en fouillant un cadavre trouva des lettres qui indiquaient que ce cadavre était celui de Maceo. Il prévint ses chefs, qui aussitôt firent transporter le corps à la Havane, où il fut identifié.

La nouvelle de la mort de Maceo fut télégraphiée en Espagne, et l'armée espagnole célébra, par des réjouissances publiques, la mort du héros.

Maceo méritait de tomber en pleine victoire, à la tête de toute l'armée, au milieu d'une de ces charges épiques demeurées légendaires dans l'histoire des guerres cubaines. Le lieutenant-général, habitué à combattre à découvert un ennemi dix fois supérieur en nombre n'aurait pas dû trouver la mort dans une embuscade stupide, où il fut tué par surprise, sans même pouvoir saluer une dernière fois cette bannière cubaine au triomphe de laquelle il avait consacré sa vie entière.

La pieuse admiration des Cubains a élevé à Punta Brava un mausolée à Maceo, le père de la liberté de son pays.

Mais mille fois plus beau, et plus durable aussi est le souvenir du héros qui vivra toujours dans l'histoire et dans le cœur de ses compatriotes !

Le récit du compagnon de Maceo, de ce soldat valeureux, s'arrête ici. Mon ami, gravement blessé, fut fait prisonnier et transféré à La Havane.

Mais avant de terminer ce récit, écrit pour ainsi dire sous la dictée du général Y. et qui n'est, je le répète, qu'une traduction fidèle, littérale, de ses notes de campagne, je salue une fois encore au nom des révolutionnaires de tous les pays, au nom des amis de la Liberté et aussi au nom de la France, le nom de Maceo, qui fit respecter tant qu'il vécut la vie et les biens de nos compatriotes pour lesquels il avait une réelle affection.

Maceo adorait la France!

Son rêve était de la connaître!

« Si je n'étais Cubain, disait-il parfois, je voudrais être Français! »

Après sa mort, tout changea de face, et je raconterai quelques jours toutes les souffrances endurées par nos compatriotes de Cuba qui, seuls de tous les étrangers, se virent abandonnés de tous et livrés à eux-mêmes au milieu des calamités les plus épouvantables.

Malgré les efforts du Département des Affaires Étrangères, — et qu'il me soit permis de rendre ici un public hommage à M. Delcassé qui, lui, n'eût pas toléré, s'il les eût connues, semblables défaillances, — malgré le bon droit, malgré la justice, nos frères de Cuba virent leurs propriétés pillées, brûlées tantôt par l'un, tantôt par l'autre des partis en présence.

La ruine des familles françaises fut complète

Et les meilleures de ces familles faillirent mourir de faim et de misère, pendant les derniers mois de la guerre, surtout pendant le blocus de Santiago de Cuba, et au moment de l'exode à El Caney. (Juillet 1898.)

Ces choses-là ne sauraient être passées sous silence.

Je les dirai donc sans passion, sans haine, sans exagération.

Je dirai aussi à qui incombe la responsabilité de ces souffrances et, dussé-je encourir la malédiction de fonctionnaires indignes, n'ayant de Français que le nom, je crierai au pays l'abandon systématique dans lequel on avait laissé les Français habitant la grande Antille.

Il est d'ailleurs certain que, dans un avenir prochain, cette question sera portée à la tribune du Parlement français.

EUGÈNE LUCCIARDI.

Cafetal « La Luz ». — Par Ti-Arriba;
Santiago de Cuba, mars 1901.

Pour paraître prochainement et comme suite à **Un Héros révolutionnaire**, M. Eugène Lucciardi met la dernière main à un ouvrage *très documenté* sur la situation des Français à l'Etranger, et en particulier à Cuba, où l'auteur a eu le très grand honneur de représenter la France pendant plus de deux années.

TABLE DES MATIÈRES

DU MÊME AUTEUR

"LA NAVARRE"

LES CÔTES D'ESPAGNE ET DE PORTUGAL — GIBRALTAR

"LA FIÈVRE JAUNE OU VOMITO NEGRO"

LE MAL — LE REMÈDE

En préparation :

"LA GUERRE HISPANO-AMÉRICAINE"

(LES FRANÇAIS A CUBA DE 1895 A 1901)

www.ingramcontent.com/pod-product-compliance
Ingram Content Group UK Ltd.
Pitfield, Milton Keynes, MK11 3LW, UK
UKHW021230230726
13926UKWH00003B/1351